子どもの気持ちがわかる本

こころの安心の貯金通帳

家森百合子／著

クリエイツかもがわ
CREATES KAMOGAWA

はじめに

いま、子育てが難しくなった時代といわれますが、親の気持ちも、子どもの心の根っこも昔と大きく変わったわけではありません。昔から言い古された諺《ことわざ》などが今でもそのまま通用するものも多いと思います。少し並べてみましょう。

親のこころ子知らず

子をもって知る親の恩

子はかすがい

子は親の鏡

子は親の背中を見て育つ

子を見ること親にしかず

子に勝る宝なし

子どものケンカに親が出る

かわいい子には旅をさせよ

おばあちゃん子は三文安い

鈍な子は可愛い

子育ては親育ち

交通の便がよくなり、グローバル化して、家族が遠く離れて住むことが普通になりました。経済的に豊かになり、流通が自由になり、生産現場も生産する人の苦労も知らず、お金さえあれば何でも手に入る時代となって、人と人とが会話もせずに生活が成り立つようになりました。家族の会話も電話ならまだしも、メールが主流になろうとしています。

その上、出産年齢の高齢化が急速に進み、不妊治療の対象者がどんどん増えて、一人の女性の産む子どもの数が年々減少しています。その結果、少子高齢化はますます進み、これからも小さい家族が増えていくことでしょう。コミュニティーの崩壊が指摘され、1～4人の小さい家族が孤立して、互いに助け合う力が弱くなっています。育児の困難さはこれらのことと直結しています。

孤立死や虐待などのニュースに出合うたび、2003年に制定された、あまりにも完璧な個人情報保護法が、人と人の心のつながりを阻んでしまっているように思います。コミュニケーションが希薄になっている社会の中で、この法律がその傾向に追い打ちをかけた結果ではないかとさえ思います。これらの社会現象は、個人の努力だけでは、もはや阻止できない段階にきていると思います。

2011年3月11日の東北大震災をきっかけに、人と人の絆の大切さに人々は改めて気づきました。しかし、経済的に豊かになり、便利であることが当たり前になり続ける以上、人々は意識的に互いに出会う機会をつくり、協力して何かに取り組むように努力し続ける必要があると思います。多忙な生活の中でも、多忙であるからこそ、顔を見合わせて、お互いのこころとこころが出会う機会を大切にしていきたいものです。

人間は互いに助け合ってこそ「ひと」であり続けることができるという観点からも、小さい家族であっても、子どもたちのこころの中に、助け合うこころを育てるための社会システムを考えていく必要があるでしょう。家族以外にも世代を超えた大人との濃い（深い）出会いの機会を子どもたちの環境の中につくっていくことが大切です。

第1章では「こころの安心の貯金通帳」について詳しく述べます。この考え方のベースになっているメッセージは、子どものこころの中に、自分を肯定する気持ちが育つためには、いろいろな人の支えが必要であるという主張です。一人ひとりの子どもの様子をあてはめて考えるとき、その子のこころの中に、自己肯定感が育っていく姿を、浮き彫りにしてくれると思います。同時に、すでに大人になった自分の人生を、どのようにすれば肯定できるかにも気づかせてくれるかもしれません。自分の人生に起こったことを良きにつけ悪しきにつけ肯定できることが、自律であるとも考えています。この考え方を理解していただく行程で、子どものこころの成長にとって、まわりにいる大人の役割の重さにも、気づいていただければ幸いです。

第2章では、子どものこころの発達を根底で支えている3つの柱について述べます。①からだのちから ②コミュニケーションのちから ③生活のちからです。乳幼児期に、これらが一つひとつ育つ過程で、子どもに達成感が生まれ、自己肯定感が育って行きます。そのことが、その後の社会性の発達へとつながっていきます。発達障害児のリハビリテーションによる発達支援の中で見えてきたことです。具体的な方策について触れました。

第3章は、子育てのメッセージとして書いた詩をまとめています。

また、あちこちに「子育てキーワード」をちりばめました。キーワードにすることで、こころに留めていただけるのではと思っています。

これらの考え方は、昭和16年生まれの私自身の子ども時代、私が3人の子どもを育てた昭和40～50年代、平成生まれの5人の孫たちの育ち、35年にわたり仕事をさせていただいた聖ヨゼフ医療福祉センターで出会った多くのご家族、さまざまな形で私に講演の機会を与えていただいた多くの方々、その経緯のすべてを通して私の中で熟成されてきたものです。雑多な多くのものを含んでいますが、日常の育児や保育の中で役立てていただければ幸いです。

２０１３年３月

家森百合子

第1章

こころの安心の貯金通帳　13

第2章

子どものこころとからだ 71

第3章 子育てメッセージ　175

第1章
こころの安心の貯金通帳

1 「こころの安心の貯金通帳」の意味

●誰もがみんなもっている

私たちはこころに、何かをしようとして成功するとプラスになり、失敗するとマイナスになる「こころの安心の貯金通帳」をもっていると考えてみましょう。いま、世界中の国々が、どこへ向かうか未確定で、変化の多い時代です。このような時代では、すべての人が多かれ少なかれ、こころに不安を抱えて生きており、誰もがこころの中に安心への要求をもっています。そして、このことを「こころの安心の貯金通帳」をプラスにしようとする気持ちと考えます。大人も子どもも、日々前向きに生きるためには、通帳に安心の貯金をして行く努力が必要です。

●プラスかマイナスかは自覚的

ところで、「こころの安心の貯金通帳」はどういうときにプラスになったり、マイナスになったりするのでしょうか？　どんなときに安心したり不安になったりするかですが、子どもと大人で多少の違いがあったり、人それぞれの価値観が違えば、具体的には個人で微妙に違う可能性はあるでしょう。親がプラスにしたつもりでも、子どもはそうは思っていないこともあるかもしれませんので、プラスになったか、マイナスになっているかは、基本的に自分で感じるもの、自覚的なものです。

●プラス点をもっていると自分のよいところが出せる

貯金通帳がプラスだと自分のよいところが出せます。でも、マイナス点では自分の悪いところが出てしまいますので、子どもが機嫌よく笑顔が多く、よいところが出せていれば、貯金通帳はプラスなのだと考えて間違いはないでしょう。誰でも貯金通帳がプラスになっている自分が好きです。逆に、子どもが不機嫌で育てにくいとき、子どももお母さんも貯金通帳はマイナスになっていると考えられます。

●達成感はプラス500点

何かをしたいと思い、成功したときの達成感で、通帳にはプラス500点が入ります。子どもが得意でいわゆる〝どや顔〟をしているとき、自分で自分の通帳に500点入れています。でも、失敗するとマイナス500点になるのです。走っていて、ころんでしまった子は膝をすりむいて痛いだけでなく、失敗してしまったマイナス500点のため、こころがもっと痛くて泣いています。だから、「イタイのイタイの飛んで行け」で治るのです。

また、入学試験など、長い間合格することを目標にして勉強してきた思い入れの大きさによって点数は違ってくることも考えられます。特に仲良しだった友だちが合格して自分が不合格だったりするとマイナス500点どころではないでしょう。仲良しだった友だち関係を失うかもしれない不安まで加わります。

●お母さんは100点持ち

また、子どもはまだまだ未熟なので、しょっちゅう失敗します。特に、這い這いが始まるころから失敗が多くなります。お母さんが目の前から消えると不安になり探します。

こころの安心の貯金通帳

成功・達成感：＋ 500　　失敗：− 500

ひ　と	(肯定：プラス点　否定：マイナス点) お母さん：± 100 お父さん：± 70 おじいちゃん，おばあちゃん，兄弟姉妹：± 50 保育士さん，先生，友だち，おばちゃん：± 30
(こだわり　＋ 15)	
も　の	毛布，タオル，ぬいぐるみ，おもちゃ，本ビデオ，ゲーム：＋ 10
からだ	指しゃぶり，爪かみ，鼻ほじり，鉛筆かみ，オナニー，チック， 夜尿，遺尿，遺糞，過食，拒食，習慣性嘔吐，喘息，アトピー：＋ 5

プラス点

- 抱きしめられ、ほっとする
- ほめられる
- 肯定される
- ありがとうと言われる
  (ありがとう５回作戦)
- 弱いものいじめもプラス

マイナス点

- 怒られる
- 否定される
- 無視される
- けなされる
- 拒否される
- いじめられる

お母さんが見えれば、急いで抱きつきに行き安心しようとします。お母さんにくっつくだけで100点もらえます。幼児は、お母さんにほめられたり、「ありがとう」と言われたときもプラス100点です。「それでいいよ」と肯定されたときもプラス100点。でも、お母さんに怒られたり、否定されたりすると、マイナス100点になってしまいます。遠くから大声で怒られると、マイナス300点になってしまうこともあります。行動をたしなめる場合、子どもの数が多いほど、お母さんはついつい大声で怒鳴ってしまいますが、耳元で、静かに、こっそり、一人ずつ別々に、ささやく方が効き目があります。子どもたちが言うことをきかないため困っているお母さんは、一度試してみてください。

●いろいろな人に助けてもらおう

持ち点は、お父さん70点、おじいちゃん・おばあちゃん・きょうだい50点、保育士さん・先生・友だち30点です。年上の人や尊敬する人からは、肯定されたり、ほめられたり、抱きしめられたりしたとき、プラス点が入ります。昔は大家族で3世代家族は普通だったのです。隣近所や、八百屋さんやお魚屋さんなど子どもの周囲にはいろいろな大人がいました。誰かがその子の良さを見つけてくれればよかったのです。お母さん一人で子どもの通帳をプラスにする必要はなかったのです。家族が小さくなりコミュニティーが崩壊して、子どもの通帳をプラスにしてくれる人が少なくなってしまった今、いろいろな人に助けてもらう努力もせねばなりません。でも、そこに気がつけば助けてくれる人は今もいるのです。子どもがいろいろな人に出会える機会をつくりましょう。

●人に見つからなければ、いじめてもプラス点

年下のきょうだいや自分より弱い子どもが相手だと、いじめて自分の強さを示しても点が入ります。妹をいじめるお兄ちゃんをいつも怒っていると、お母さんに隠れてこっそりいじめるようになります。お母さんも自分の通帳がマイナスになると子どもをいじめてしまうことがあります。ついつい子どもに怒ってしまうお母さん！　自分の通帳がマイナスになっていませんか？　弱い者いじめをする子どもは、身内の中でいじめられたり否定されていることが多い子かもしれません。また、家の中でいつもいい子にしているように言われて緊張している子も、マイナス点になりやすい状態と考えられます。

学校でのいじめが問題になっていますが、いじめる子もいじめられる子も人からほめられる機会の少ない子どもたちかもしれません。家族でなくとも30点は持っているので、周囲の子どもたちのよいところを見つけてほめるようにすることも、いじめの防止になるのではないかと思っています。

●5点10点は努力の姿

さて、ここまでは「ひと」によるプラス・マイナスです。これ以外に「もの・10点」と「からだ・5点」があります。寝るときには必ず指をしゃぶり、タオルを持たないと眠れない子。おチンチンを触りながら眠る子。爪を切る必要がないほど爪を噛む子。ゲームばかりしている子。いつも本ばかり読んでいておとなしい子。考えてみたら、これらの行動は、子どもが不安に耐えているときの行動です。不安で通帳がマイナスになっているときに、お母さんもお父さんも忙しく、またはイライラして怒ってばかりいるようなとき、「ひと」には頼れないとなると、自分で安心するために努力しているのです。

ところが、「もの」と「からだ」はうっかりしてお母さんに見つかると、叱られてしまうことがあります。爪を噛み（5点）ながらマイナスの通帳をプラスにしようと、時間をかけて努力してきたのに、お母さんから「爪を噛んではいけません」と一言叱られただけでマイナス100点となってしまい、努力は水のアワとなりプラス点は消えてしまいます。

「ひと」からプラス点をもらい肯定されることなく、大人になるまでずっと5点・10点と自分で努力をしてきた人は、人に相談するのが下手で、自己否定してしまいやすく、精神疾患に陥ったり、ギャンブル中毒・ネット中毒・アルコール中毒・薬物中毒などになり、社会的にも否定される人生の泥沼に踏み込んでしまうこともあるのです。自分を否定的に見てしまう人は今からでも遅くはないので、自分の通帳をプラスにする工夫を考えてみましょう。

●子どもの努力を踏みにじらないために

爪を噛んでいるわが子の姿を見たときに、不安に耐えて努力している健気な子だとお母さんが考えたらどうでしょう。お母さんや家族は叱る代わりに、「ごはんの用意するから手伝って」と言えば、子どもはすぐに爪噛みをやめてお手伝いをしに来るでしょう。お手伝いをした方がほめられ、高い点が入ることを知っているからです。

「なくて七癖」というように、誰でも自分の不安を除くための手段をもって生きています。それは誰もが自分の不安を除くための努力をしてきたと言えるでしょう。したがって、癖をしらみつぶしにすることはありません。むしろ、それを不安をなくすために自分で努力している姿だと考えて、自己肯定感を育てるために、「ひと」がほめ、肯定する機会にすることが大切です。幼児期までに貯金の仕方を覚えると苦労や不幸に耐える力が強くなると考えてください。

●自閉症児のこだわりはプラス15点？

自閉症児がしばしばこだわるさまざまなものや行動も自分のこころを安心させるためのものと考えてあげてください。したがって、こだわりは止めさせるのでなく、ほめられる経験につなげてあげることが大切です。

水を見れば必ずジャージャー流さないと気が済まない子どもには、水撒きやお風呂掃除・洗い物など、水関係の仕事をしてもらって「ありがとう、助かったよ」とほめます。作業療法では、ほめられる機会が増えると、少しずつこだわりが軽減していくのもよく経験します。予定の時間にこだわり、ずれると不機嫌になる子どもも、作業療法で気分よくなれる経験を繰り返していったあと、わざと少しずつ時間をずらして慣らし、慣れて受け入れられたことをほめていきます。

さらに積極的に言えば、こだわりの部分に才能が隠れているかもしれません。子どもが幼稚園に行っている間に絨毯の位置を1～2センチ移動させただけで、元に戻してほしいと言って泣き喚く幼児のことを、おかしなこだわりをもつ子と見るか、そんな少しの違いがわかる子ととるかです。自分でおもちゃの位置を変えるのだったら平気なら、部屋の模様替えをいつも子どもと相談しながらやればいいのです。インテリアデザイナーになる日が来るかもしれません。「プラス15点」とし「もの・10点」や「からだ・5点」より高くしたのは、自閉症児には「もの」や「からだ」より、「こだわり」の方を選ぶ子が多いからで、その方がよほど安心できるからではないかと推測するからです。

●タイムリーにほめるなんてむずかしいと思うお母さんへ

子どもの一番近くにいる人、ほとんどはお母さんですが、一番持ち点の高いお母さんがタイムリーにほめることができれば、子どもの通帳はすぐにプラス点になり、その子の一番よいところが見えるのですが、実際はこれがなかなかむずかしいのです。特に子どもに何か問題があったり、育児に悩んで、私の外来に来られるお母さんは

「お子さんのよいところはどんなところですか？」

と尋ねたとき即答できる人が少ないのは事実です。中には

「よいところなどありません」

と即答されるお母さんもあります。そんなお母さんには

「お母さん、毎日育児大変でしょう」

と同情します。それは、毎日朝から晩まで好きになれない仕事をしているのと同じですから。ストレスは甚だしく、お母さんの通帳はどんどんマイナスになっていきます。特に、ご

自分が子どものころにほめられたことの少ないお母さんは、なかなかタイムリーにほめることができないことが多いのです。そんな方でも、アンケート形式を取ると、「優しいところ」「よく気が付くところ」「元気なところ」などと書くことができるのです。そんなとき、例えば
「どんなときに優しいと感じますか？」
と尋ねると、また考え込んでしまったりします。そこで私は、小さなノートをエプロンのポケットにでも入れておき、具体的にいいことを見つけたときにメモしてみることを提案します。
「いつもお手伝いを頼むと『イヤ』と言う子が今日はすぐに言うことをきいてくれた」とか、「『お母さん、ボクが持つ』と荷物を持ってくれた」などが出てきます。別のことに気を取られて、そのときすぐに「ありがとう」と言ってほめることができなかったときでも、メモでほめたり、お誕生日のときにカードでほめることもできます。

●「お母さんうれしかったよ」は殺し文句

「〇〇してくれてありがとう。お母さんうれしかったよ」と書いてください。この「うれしかった」は殺し文句です。また、究極は伝言でほめることです。お父さんやおばあちゃんに伝え、電話ででも「お母さんほめてたよ」とか、「お母さんよろこんでたよ」と言ってもらう

ことです。お母さんの１００点に加えて、お父さんの70点やおばあちゃんの50点が入るのです。次の日から、わが子が急にいい子に見えてくるはずです。子どもが多いために、なかなか平静になれないお母さんは、子ども一人ずつと付き合う日をつくってください。ママ友同士でお互いに預け合うのもよいと思います。

ほめるのが苦手な人のほめ方いろいろ
・わざわざ場面設定してほめる。
・伝言でほめる。
・カードでほめる。
・メモでほめる。

ヤモリ先生の子育てキーワード

2 2歳前後 通帳がマイナスになりやすい

●友だちに噛みついたり叩いたりする

2～3歳で、自分でやりたい気持ちが強くなっている子どもに起こりやすい状態です。特に言葉が少し遅れていたり、発達がゆっくりだったりすると、友だちにおもちゃを取られそうになったとき、言葉で「ダメ」と言えずに噛みついてしまいます。小さいときから上のきょうだいにおもちゃを取られては噛みついていたのが、そのまま友だちに向かう子もいます。

●お母さんのマネをしたい子？

それに加えて、実は一番注意が必要であるにもかかわらず、お母さんが気づかず子どものやる気をそいでしまっている場合があります。お母さんが大好きで、お母さんと同じことがしたいと思ってお母さんの大事なものに触れるたび「ダメ」と言って叱られる経験をしている子どもです。お母さんからすれば「触ってはダメ」と何度言っても言うことをきかない子と映り、触ろうとするたび、ピシャリと手を叩いている場合があります。実際に手で叩かなくとも口でピシャリと行動を止めている場合も子どもにしてみたら、こころを言葉で叩かれたのも同然です。

子どもは元々お母さんが大好きなのです。大好きなお母さんがしていることをマネしたいのです。触ってはダメと頭ごなしに言われても納得がいきません。そんな子どもの気持ちを無視して、その場でお友だちを噛んではいけないと言うだけでは、お母さんの気持ちと子どもの気持ちがかけ離れていくばかりです。お母さんに気持ちをわかってもらえない子どもはいつも怒りやすく、泣きやすくなっていくでしょう。言葉が遅れていると言葉で言う代わりに、同じ口を使って噛みつくことになるようです。

●それではこんなとき、どうすればよいのでしょうか？

「2歳過ぎは一生で一番切れやすい年齢」という話と、「言うことをきかない子どもはやる気のある子、好奇心の塊」「多動な子どもは働き者、次々仕事をあげましょう」という標語をそんな子どものために作りました。

頭ごなしに触ってはダメと言うのではなく、興味をもっているものをどうしたらよいかを教えることが大切です。何でもかんでも触ってはダメなのではなく、触ってもいいものを、手を添えて操作の仕方を積極的に教えてあげてください。ものによっては一人でできるように教えて、できるようになったらお手伝いさせてあげてください。

●してあげるより、させてあげる、上手になったらしてもらう

洗濯物を洗濯機に入れさせ、洗剤を入れて電源を入れるまでさせたりするときは、洗濯物を渡しながら「洗濯機に入れて」と頼んでしてもらいます。掃除機を出してきて掃除して、しまうまで手を添えてさせるなど、お母さんはやりたいことを止めるのでなく、させてくれる人と思ってもらえるようにします。すると、「これはおばあちゃんのダイジなものだから、

こうしてナイナイしてね」と子どもの手に手を添えて言うと、言うことをきいてくれるようになっていきます。「そう、そのとおり。ありがとう」と付け加えるようにすると、お母さんなら通帳には100点が入ります。

ごはんの用意もテーブルを拭いたりお箸を並べたり、2歳前後なら少しずつできそうです。勝手にさせるのでなく、手を添えてきちんと教えます。テーブルの真ん中しか拭かなかったら手を添えて「はしっこも拭いてね」と拭かせます。そして「そうそう、それでいいよ」とほめます。

ヤモリ先生の
子育て
キーワード

ありがとうは
子どもへの最高のほめ言葉。
たくさんもらうと
子どもは自信にみちてくる。

自分の要求が通らないとひっくり返って大泣きするひろ君

言葉の発達が少し遅れている

「自閉症ではないか見てください」

保育園（小規模の昼間里親）の保育士さんから相談がありました。ひろ君は友だちを叩いたり噛んだりすること、マイペースで勝手な行動が多いこと、一番気がかりなのは2歳半の現在でも単語しか話せないということでした。

私は保育園に出向きました。3歳未満の10人の子どもたちがいる保育園でした。

友だちを泣かせる

まず自由遊びの時間にひろ君の行動を観察させていただきました。ひろ君は車を並べて遊んでいました。友だちが触ろうとすると思いっきり突き倒して泣かせてしまいました。でも、ひろ君は知らん顔をして遊び続けていました。

次に食事時間の観察をしました。ひろ君は初めは問題なく食べていたのですが、急に左隣に座っていた1歳半のじゅんちゃんのお皿に手を伸ばして、玉子をつかんで食べてしまったのです。じゅんちゃんは大きな声で泣きました。するとひろ君はじゅんちゃんを叩きます。じゅんちゃんの左側に座っていた保育士さんが、じゅんちゃんには新しい玉子を用意し、ひろ君の右隣に座っていた保育士さんは、ひろ君をたしなめました。

ひっくり返って泣き出すと止まらない

するとひろ君はその場にひっくり返り大きな声で泣き出したのです。

「一度こうなると、どうしようもないので、放っておきます。30分もすると、勝手におさまります」

ということでした。

5分たってもそのままでしたので、普段一番慣れている保育士さんに

「ひろ君こっちにおいで。抱っこしてあげよ」

と呼んでもらいました。

ひろ君は同じ調子で泣いています。そこでもう30センチくらい近づいて同じように呼んでもらいましたが、まだ同じです。次は耳元まで近づいて同じように呼んでもらいました。すると、どうでしょう。ひろ君はさっと起き上がって保育士さんの胸に顔をうずめ泣き止みました。「玉子がほしかったら先生に言ってね」と耳元で言ってもらいました。

本当は泣き止むきっかけがほしかった

ひろ君のような場合、泣き始めたときには確かに要求はあったのですが、だんだん泣いている自分が嫌で泣いているようなものです。

「もう泣きたくないよー。ぼくを助けてー」と泣いているのでしょう。30分も放っておかない方がよいでしょう。本来なら床にひっくり返って泣く必要はなく、直接、保育士さんに訴えに行けるようになればいいのです。保育士さんから抱き上げに行くのでなく、離れたところから呼んで、ひろ君から来るように促してみるように言いました。

まずはほめることを探す

車を並べて遊ぶ子どもは、整理整頓ができる子なので、おもちゃを片付けたり、洗濯物を片付けたりすることをきちんと教えてあげるのがよいと思います。ひろ君のような子には、まずどうしたらいいのかを伝えることが必要です。そして、ほめることと抱く機会を増やすことを話し、その日は保育園をあとにしました。

自分からしたいことを保育士さんに伝える

保育士さんのお話によると、そのとき以来泣き出してもすぐに保育士さんに抱きついて泣き止むようになったようです。その上、向かい合わせで抱いて泣き止んだあと、耳元で言い聞かせるようにしていくと、お友だちのお皿から勝手に食べ物を取るのでなく、先生に頼んだらお替わりがもらえることが理解できたり、困ったときは保育士さんに何とかして自分の思いを伝えるようになっていきました。また、ひろ君は率先してお手伝いをする子になり、同じことが家庭でもできるようになって、ずいぶん落ち着いたそうです。

弟が生まれたことが始まり

2歳前後で少し言葉の遅れている子どもでは、自閉症ではなくともこのようなパニック症状を示すことが時にあります。2歳ころに弟や妹が生まれ、それまで独占してきたお母さんを取られたと感じたとき、特にひどく見られることがあります。ひろ君も2歳1か月で弟が生まれ、お兄ちゃんになったばかりでした。しかも、弟は夜昼なくよく泣く赤ちゃんで、お母さんは毎日大変でした。考えてみたら、ここしばらくひろ君をしっかり抱いてあげたことがなかったのだそうです。向かい合わせで抱きしめられて、耳もとで優しい言葉をかけられたとき、ひろ君は自分がしっかりお母さんに包まれた幸せを思い出したのではないでしょうか。

「イヤや」ばかり言う、ゆうた君

反抗期？

2歳になったばかりのゆうた君のお母さんの最近の悩みは、ゆうた君が何でも「イヤや」と言うことです。

「反抗期が始まったのでしょうか？」とお母さん。

「自我の目覚めはありますが、まだ本格的な反抗期の年齢ではないので、ゆうた君はお母さんのマネをしているだけかもしれませんよ」と私。

否定的命令は大嫌い

1歳半を過ぎると「○○してちょうだい」と頼まれるのが大好きになることは、子どもには《してあげるより、させてあげる》の項（28頁）で書かせていただいたように、ほめてもらえることがわかっていると、肯定的命令は受け入れられるのです。ところがこの時期は否定的命令が大嫌いです。

「○○してはダメ」と否定的に言われると、「イヤ」と否定で応えてしまいます。

食事を楽しくする工夫

ゆうた君の場合はお母さんが肯定的命令で生活できるように工夫をしました。例えば、食事のとき、それまでは、一つのプレートにご飯とおかずを全部入れてゆうた君の目の前に置き、遊び遊び食べ、時には立ち上がってしまうゆうた君に

「遊んではダメ」とか

「じっと座って食べないとゴハンは片付けちゃうよ」などと言ってきましたが、それを変えてもらいました。まず、食べるときに、ゆうた君の前には小さいお皿を置いて、ご飯とおかずを全部入れたプレートから少しずつ取り分けてあげるようにしました。

「次どれ入れようか」と尋ねて、ゆうた君自身に選んでもらいます。プレートのご飯とおかずが減って、隙間がドンドン空いてくるのを見せて

「もう半分になったねー。すごいねー」とか

「もう一口だねー」

「カンショーク。バンザーイ」

これでゆうた君だけでなくお母さんにとっても食事が楽しいものになりました。

寝る前の行事を楽しくする工夫

また、お風呂のあとパジャマを着ないで裸のまま逃げまわるゆうた君に対して

「これっ、パジャマを着ないとダメでしょ」

「早く寝ないとダメーッ」と怒鳴り散らしていたのも変えました。

まず、普段からゆうた君に洋服を着せるときにお母さんの膝に座らせて手に手を添えて二人羽織にして洋服を着せ、自分で着ているつもりにさせました。

そして、お母さんの両手で洋服の頭を出す部分を輪っかにしてから持たせ、お母さんの手を添えて頭を入れさせながら

「バー」と声をかけたり、

「次、右手を（袖に）入れてー」と右肘を押して肘を伸ばさせます。

「デター！」

「次、左手」

「ヤッター」などと次々声をかけながら着せます。このようにしたら、遊んでもらっているつもりで着ることができます。最後に

「ジブンで着れたねー」とほめるようにしました。そうすると、お風呂の後でも、

「さあパジャマを着よう。お母さんのお膝に座って」と言いながら、ゆうた君を膝に座らせ、手に手を添えて着せることができるようになりました。

お母さんが大好きだから

このようにして毎日声かけが必要だった部分を、肯定的命令に変えるようにしたら「イヤや」はかなり少なくなりました。

「やっぱりゆうた君は、お母さんのマネをしてたのね。お母さんが大好きだからね」

お母さんもゆうた君の育児が楽しくなったに違いありません。

3　4歳～6歳は5点・10点の症状が多くなる

4歳以上になると、社会性も発達し友だちとの競争も多くなります。遠慮なく自分を出して何でも言える友だちは仲良しだけれど、きょうだいのようなケンカもします。でもまた一緒に遊びたいので仲直りしようとします。仲直りするためには、どうしたら許してもらえるか、相手の気持ちにならなければなりません。仲直りできず一緒に遊べないと、こころの貯

金通帳はマイナス５００点になるのです。４歳を過ぎると、新しく興味をもったり、できるようになることも多く、できるようになりたい意志も強いのです。そのため、できなかったときの落胆も大きく、通帳がマイナスになりやすいのです。

しかも、一人でできることも増えているため、お母さんとのスキンシップも減ります。できて当たり前と思われ、小さいときよりほめてもらうことも減るのでしょう。そのような時期、自分で努力して安心しようとする5点・10点の症状が目立つようになります。

勝ちたいのにいつも勝てないけい君

勝ちたい気持ち

6歳のけい君は小さいころからタオルを持たないと眠れない子でした。けい君は負けるのが嫌いです。すごろくやトランプをしていても自分が負けそうになると必ず泣き出し、そこら中を無茶苦茶にしてゲームができない状態にしてしまいます。絶対勝ちたいのです。そのため3年生のお兄ちゃんも友だちもけい君とはゲームをしたくなくなりました。相手にしてもらえないけい君はおばあちゃんとトランプをしたがります。必ず負けてくれるからです。特にご飯の前には絶対誰もけい君に勝ってはいけません。食べないで泣き寝入りしてしまうからです。

けい君は運動が苦手

けい君は6歳になるのに自転車に乗れません。右足はケンケンが20回できますが、左足は1～2回しかできないからだと言われました。保育園でもみんながができるようになっても、けい君だけできないことが多いのです。走ってもよく転びます。でも保育園では、けい君は泣かずに歯をくいしばってがまんしてきました。お父さんに男は泣いてはダメと言われていたからです。「泣かなかったよ」と伝えたとき、本当はお父さんにほめてほしかったのです。でも、男なんだから当たり前だと言われてしまいました。

けい君のお父さんは大学の先生でお母さんは高等学校の先生をしていてとても忙しく、保育園の送り迎えはずっとおばあちゃんでした。

おばあちゃんが亡くなって、おかしくなったけい君

そんなおばあちゃんがガンで入院してしまったのです。お父さんもお母さんも仕事の都合を付けて、この難関を乗り越えるために必死でした。お見舞いにも連れて行ってもらいましたが、お兄ちゃんと二人でのお留守番も増えました。3か月後、おばあちゃんは亡くなりました。けい君はおばあちゃんにむしゃぶりついて大泣きして止まりませんでした。けい君はそのころから夜怯えるように泣き、お母さんの布団に入って寝たがりました。お母さんはおばあちゃんが甘やかしたせいと思い、もうすぐ学校だから一人で寝なさいと突き放すようにしたのです。

ところが、しばらくすると朝、保育園に行くのを嫌がるようになりました。おばあちゃんがいない今では無理にでも保育園に行ってくれないとお母さんは仕事ができません。保育園でも問題が起こりました。けい君は急に集団から抜け出し一人で園庭に出て遊んだり、時々奇声を上げて走り回ったり、以前のようにがまんすることができなくなってしまったのです。お母さんは仕事を辞めるかどうかまで悩みました。そして私の外来に相談に来られました。

けい君の安心の貯金通帳は？

けい君の「こころの安心の貯金通帳」はどうだったでしょうか？　けい君は運動が苦手です。でも勝ちたい気持ちの強い子です。友だちが上手にできて自分だけできないことに出合うたび、通帳はマイナス点になるのです。でも通帳をどうしてプラスにしてよいかわかりません。以前は、タオルを持って寝る（5点）、爪を噛む（5点）、おばあちゃんにゲームで勝つ（500＋50点）、おばあちゃんにほめてもらう（50点）などで満たしていた可能性があります。おばあちゃんが亡くなって、大きな点数がなくなってしまったのです。

お母さんへの提案

私は、お母さんに次の4つの提案をしました。

①しばらくお母さんが添い寝をしてあげること

②保育園に送っていったときと迎えに行ったときに、しっかり抱きしめてあげること
③けい君が右足と同じくらい左足でもケンケンができるように毎晩練習すること（102頁参照）
④できそうなお手伝いをさせてあげること

「こころの安心の貯金通帳」の話を聞いたお母さんの目には涙がいっぱいでした。

「教育に携わる身なのに、今まで自分がけいに対して本当にかわいそうなことをしてきたと反省します」

と言われ、3か月後の次の診察のときまで、しっかり実行されました。お父さんも家族と一緒に過ごす時間を大切にしてくれるようになったそうです。けい君は少しずつ落ち着きを取り戻し、お母さんも仕事を辞める心配をしなくてよくなったことは言うまでもありません。早く気がついてよかったと思います。

一見しっかり者、でも甘えるのが下手な ゆきさんの幼児期とその後

ゆきさんの思春期の始まり

ゆきさんのお母さんは看護師です。ゆきさんは女子中学に入学しました。2年生になったこ

ろ、ゆきさんとお母さんは、ゆきさんの洋服を買いに行くことになりました。1軒目であれでもない、これでもないと試着しながら、これがいいと決めました。でも、もっと似合うのがあるかもしれないので、もう少し探してみたいと仮押さえして、次の店に移動しました。そこでも、仮押さえして次へ、次の店でも仮押さえして次へと、7軒巡りました。お母さんは、4軒目くらいから、疲れた顔になり、不機嫌になって言いはじめました。

「いい加減に早く決めなさい。もう6時半になるよ。帰って食事の用意もしなければいけないのに」

結局、一番最初の店で決めたのが一番いいということになり、仮押さえを全部断りに行き、やっと家に帰ったのです。

悩み深いゆきさんのお母さんへの攻撃

そのことが契機となり、ゆきさんからお母さんへの攻撃が始まったのです。まず、お母さんが帰宅後、朝作ったお弁当がこれ見よがしにゴミ箱に捨ててあったのを見つけました。陸上部の朝練といって朝早く食事も食べずに出かけ、夜も遅く帰って来て、そのまま自分の部屋に入り、お母さんとも他の家族とも顔を合わせようとしなくなりました。拒食症？　と思わせる症状が続いていたのが、あるときから、夜に起きて冷蔵庫の中のものを手当たり次第、勝手に大量に食べるようになり、過食しては嘔吐し、便秘薬も飲み、という生活になりました。お母さんが買ってきた洋服は着ず、高等学校に行くようになると、アルバイトで稼ぐからと、お小遣いにも手をつけなくなりました。

お母さんの心配は極限状態になり、ゆきさんの顔を見るたび、小言を言うようになり、胃潰瘍になり、夜も眠れなくなっていきました。そして、まずお母さんだけ私の相談外来を受診されたのでした。私は「こころの安心の貯金通帳」の話をして、幼児期から今までの間で何か思い当たることはなかったかを尋ねました。

ゆきさんの幼児期

・熱性けいれん

ゆきさんには熱を出すたびにけいれんを起こす熱性けいれんがあり、1歳過ぎから14～15回以上発作を起こしました。ゆきさんの熱性けいれんは、いつもけいれんを起こしてから気がつくと高熱が出ているという状態でした。発作を起こしたときは、意識はありませんでしたが、大声を出して怖がっているような表情をし、その後で必ず嘔吐していました。39度、40度の高熱も出て、お母さんはしばらくゆきさんを抱きしめていたそうです。しかし、抗けいれん剤を飲ませると午前中から眠気がして不機嫌になり、薬を飲ませていても発作を起こすことがあったので、お母さんは薬を飲ませるのをやめてしまいました。

「何かの本にけいれん性の病気をもっている人は、癇が高くがんばり症の人が多いと書いてあったのですが、ゆきが何でも人一倍がんばってしまって甘えることが下手なのは、熱性けいれんを何度も起こしたことと関係があるでしょうか?」

とお母さんはずっと気になっていたこととして話されました。

「そういえば、3歳半以後は発作も起こらなくなりましたので、抱いてやることも少なくなったように思いますが、その頃からいろんな癖が起こってきたようにも思います」

・3人姉妹の真ん中

ゆきさんは3人姉妹の真ん中です。お姉ちゃんとも妹とも1歳半違いです。妹は甘えん坊で、いつもお母さんを独占していました。ゆきさんが1歳半のときに生まれ、自分からお母さんを取り上げてしまった妹を、ゆきさんは時々いじめていました。するとお姉ちゃんは妹をいじめたのはゆきさんだとお母さんに言いつけるのです。お姉ちゃんは口が達者でゆきさんはいつも言いこめられるので、お姉ちゃんに対しても、つい手が出てしまいます。ゆきさんは力が強く、時々お姉ちゃんも泣かせてしまうことがありました。そんなとき、お姉ちゃんはお母さんに言いつけに行き甘えます。

また、お姉ちゃんはちょっと慌てん坊で、忘れ物も多く、注意力散漫の傾向があり、いつもお母さんに注意されていました。お姉ちゃんには絶対負けたくないゆきさんは、お母さんの言うことはきっちり守り、叱られないようにしていたようです。お母さんには、そんなゆきさんがしっかりした勝気な子と見えていました。

・爪噛み・髪の毛いじり・オナニー

ところがゆきさんには、爪切りする必要がないくらい爪を噛む癖（プラス5点）や髪の毛を指でくるくる丸める癖（プラス5点）が始まり、時々長椅子の肘掛けに座ってオナニーをしていること（プラス5点）もありました。爪を噛んだりオナニーをしているとき、お母さんはつい止めるように声かけしていたそうです（マイナス100点）。

・頑固なアトピー性皮膚炎

それにゆきさんにはもう一つ、耳切れし、肘の内側や首の周辺がすぐにかゆくなる、かなり頑固なアトピー性皮膚炎がありました。アトピー性皮膚炎がひどくなるとお母さんは薬をていねいに塗ってあげます。それでも治りにくいときには、ゆきさんを皮膚科に連れて行ってもくれます。ゆきさんはアトピーでかゆくなるのは嫌なのに、お母さんを一人占めできてうれしいと思うこともあったのではないかと推測できました。

ゆきさんの「こころの安心の貯金通帳」

ゆきさんの癖やアトピー性皮膚炎は、自分のこころの安心の貯金通帳を5点で埋めようとしている努力の姿と考えてみたらどうでしょう。お母さんに甘えることをしないしっかり者のゆきさんは、お姉ちゃんや妹がお母さんに甘えるのを見るたびにマイナス点になっていたのではないかと考えられます。でも、どうしてゆきさんは5点ばかりで貯金通帳を埋めようとするのでしょうか？　お姉ちゃんや妹と何が違っていたのでしょうか？　もしかすると、ゆきさんが生まれたころ、お母さんもお父さんも仕事が忙しく、おばあちゃんにみてもらうことが多かったことと関係があるかもしれません。お姉ちゃんのときはお母さんの仕事はパートタイムでした。子どもは一人しかいないので、スキンシップの時間も十分あった可能性があります。ゆきさんのときには1歳までの間にしっかりしたスキンシップができていなかったのに、1歳半にはもう妹にお母さんを取られてしまい、お母さんに甘えることが下手になってしまったのではないかと考えられます。

ゆきさんからのメッセージ

ゆきさんはしっかりした優等生として成長しました。爪噛みもアトピー性皮膚炎も髪の毛いじりもずっと続いていました。ゆきさんが3年生のとき、お父さんは福井の方に単身赴任となりました。お母さんは夜勤こそありませんが、毎日かなり疲れていました。4年生のときに思いもかけない事件が起こりました。ゆきさんがクラスのいじめっ子の言うことをきいて、友だちの座布団を切り刻んでしまったのです。お母さんも担任の先生に呼び出されました。相手の家に一緒に謝りに行きましたが、お母さんには、ふだん優等生のゆきさんが、どうしてそんなことをしたのか理解できませんでした。それは突然の晴天の霹靂のような事件で、それ以後は特に問題もなく日々が過ぎていきましたので忘れていましたが、このことは、後に起こることのゆきさんからの「私の方も見て」というメッセージだったと思います。

ゆきさんが甘え上手になるために必要だったことは？

こんなゆきさんのために、お母さんは何をすればよかったのでしょうか？　そうです。爪噛みやオナニーをしているのを見つけたときに、たしなめる代わりにお手伝いを頼めばよかったかと思います。また、5点の努力が多い間は、アトピーが強いときばかりでなく、肩を抱くなど何かにつけてからだに触れてあげたり、ゆきさんと二人きりで出かけたり、ゆきさんの好きな料理をしたり、ゆきさんにお母さんを独占する時間をつくり、話をよく聞いてあげるようにしたらよかったかと思います。そのために、他の家族もゆきさんがお母さんと二人の時間が取れるように協力することが必要だったでしょう。お父さん子やおばあちゃん子にすることでなく、ゆきさんがお母さんに対して、もっと甘え上手になれるよう手助けしてあげることです。

お母さんの「こころの安心の貯金通帳」

「今考えてみると、中学2年のときのエピソードも、そこからいろいろ始まったことを思うと、ゆきがなかなか洋服を決めなかったのも、もしかしたら私に何か相談したかったのかもしれないと、反省します」「私よりゆきの方がはるかにつらいしんどい日々を過ごしていたんだとわかりました。ゆきはよくなれるでしょうか？」

そんな状態でも、ゆきさんは学校も休まず行っていて、クラブにも属し友だちもあるようでした。成績が悪く進級のときに担任に呼ばれたことはあったものの、お母さんに対する挑戦的行動のみが目立つ状態でした。

「長い経緯がありますので時間はかかると思いますが、いつか卒業する日が来ると思いますので、ゆきさんを変えようとしないよう見守りながら待ちましょう。ただ、お母さんもつらいことと思います。自分の通帳をプラスにする何かを見つけることも考えてください。歌や絵を習うとか、ダンスやヨガを始めるなど何でも結構です。それと、しんどさをこころにためないよう、私の所で吐き出すようにしてください。薬が必要なら飲んでもよいと思います」

私は、ゆきさんにも直接会いたいと思いましたが、お母さんからそれを切り出せるまで少し待つことにしました。お母さんのこころの安定によって、ゆきさんにどれほどの変化が起こるか知りたいとも思ったからです。

ゆきさんの今

ゆきさんはその後大学を卒業し、職場結婚で結ばれたご主人との間に二人の子どもにも恵まれ、自律した生活を送っておられるそうです。ゆきさんをしっかり受け止めてくれるご主人との出会いのおかげで、アトピー性皮膚炎も治り爪噛みも消えたそうです。結局、私はご本人にはお会いしていません。お母さんも、1年くらいは受診されましたが、他府県に引っ越されてからは手紙での報告が主になりました。今年の年賀状には次のように書かれていました。

「ゆきとは、いろいろなことで意見の合わないことが今もありますが、表面上は大きな波風も立たず、孫たちと遊ぶ機会もつくってくれています。その節は本当にありがとうございました。何とか私自身が精神的に崩れずに来れたのは先生のおかげです。」

自分を変えることさえむずかしいのに
他人を変えることは不可能に近い。
それはわが子であっても同じ。
自分が変われば
わが子は変わってくれるかもしれない。

ヤモリ先生の子育てキーワード

4 すぐマイナスになりやすい自閉症児の通帳

●自閉症児の自傷・他傷の意味

自閉症の子どもはちょっとしたことで、すぐ不安になりやすいのに、安心できる方法を自分で見つけることが下手で、妙な癖やこだわりによって安心しようとしてしまい、親や先生や友だちから止められては、余計に不安になってしまいます。自分はダメな子と思い自傷し、自分のことをわかってほしいと他傷します。何かにがまんし続けてがまんしきれなくなると、少しのことで急に爆発します。長期間不安が続き、人から否定され続けてきた自閉症児が成人して行動障害や統合失調症になるのは、こういった経過からではないかと考えられます。言葉を話せない知的障害児者も同じような目に合うことが考えられます。

●自閉症児のこだわりは才能の入り口

発達障害のある子どもの得意な領域は、こだわっている所に隠れていることが多いのです。不安なときに自分で努力している15点の行動と考えると、得意が見つかることが多いと思っています。水にこだわる子どもにはお風呂掃除や水撒きなど水に触れる仕事、紙が好きな子どもには紙屑を集めてゴミ置き場に持って行く役割や、家庭の中の新聞配りといったふうです。こだわりは自分を安心させるために15点で努力している部分です（17頁参照）。やめさせてよいものではありません。やめさせるより、そのことがほめられるきっかけになるようにしてあげたいものです。

「自閉症児のこだわりは才能の入り口」です。

5 自分の通帳をプラスにする方法とは？

●育児の目標は、子どもを自律させること

「自律」とは、自分で自分の通帳をプラスにできることだと思います。子どものころには、できないことも多く、特に、知能の高さに比べて不器用な子どもでは、やりたいのに自分で思ったようにはできないことが多いため、通帳がマイナスになりやすく、失敗が多いと極端に心配性というか取り越し苦労の傾向があるようです。どちらにしても、子どもは大人よりも失敗が多く、通帳はマイナスになりやすいので、大人からプラスにしてもらうことの繰り返しによって、やっと自分でもプラス点を貯金することができるようになっていきます。

育児の究極の目標は、

「子どもを自律させること」

「自分で自分の通帳をプラスにすることができる大人に育てること」

「自分で自分の人生を肯定できる大人になれるように導くこと」

それは、人生のつまずきに出会ったときにも、一人でがんばりすぎず、誰かに相談することも含まれています。そのときそのときによりよい方法を考え乗り越えていくことができることも、立派な自律だと思います。

●得意を育てる

人生を生きてゆく中で最も安定していられる人は、自分の得意分野が見つかり、いつも達成感で、自分で自分に500点入れることができる人です。アインシュタイン、エジソン、ガリレオ・ガリレイ、レオナルド・ダヴィンチ、ゴッホ、ヘミング・ウェイ、ベートーベン、チャップリン、坂本竜馬、織田信長、最近では長島茂雄、岡本太郎、黒柳徹子、クリントン大統領、トム・クルーズ、ビル・ゲイツなど有名人も、元々発達障害があったのではなかったかと言われています。

子育ては不得意をなくすより、得意を育てる方が楽しいものです。

得意を育てるのは親がして、不得意を直すのは他人にしてもらいましょう。自分の子どもの不得意に親がかかわると、遠慮がないので、すぐ怒ってしまい、子どもの貯金通帳をマイナスにしてしまいます。親は持ち点が高い分、子どもはますますやる気をなくし、親はますますイライラして怒るのです。友だちと子どもを入れ替えたいくらいと言ったお母さんがいました。友だちの子にはやさしく教えることができるのです。かく言う筆者も自分の子どもにはほめるより怒る方が簡単でした。

ヤモリ先生の子育てキーワード

不得意を直すのは他人の役割 得意を育てるのは親の役割

●得意の見つけ方

ところで得意を見つけるにもちょっとしたコツがあります。何人かの子どもの例を紹介します。

ミニカーを並べて遊ぶときちゃんは整理整頓係

ミニカーが大好き

ときちゃんは2歳になったばかりですが、ミニカーが大好きです。でもミニカーがたくさんあると走らせずに並べて遊びます。駐車場にたくさん停まっている車のようです。よく見ると、黄色ばかり並んでいるところや青ばかりのところがあって、かなりきれいに並んでいるのです。きちんと分類して並べるときちゃんは整理整頓をさせてあげるときっと才能が磨かれそうです。

まず車をお菓子の箱などに並べて片付けるようにします。それができたら、洗濯した靴下を丸くして並べて片付けるお手伝い。車の本だけ固めて本棚へ片付ける、お箸を一膳ずつ並べるお手伝いなどなど……。もしかしたら、将来、昆虫採集や植物採集をして分類する研究をしたり、図書館で本の分類、整頓などに携わったりするかもしれません。整理整頓しやすい環境をつくってあげることで、落ち着く子どもです。

必ずそれをほめてあげるとよいと思います。保育園でも整理整頓係にしてあげると自分の良さを自分で知ることができるのではないでしょうか？

音に敏感なえいた君は絶対音感に恵まれていた

抜毛が始まった

えいた君は4年生です。4年生になって担任の先生が代わってから、抜毛（自分で毛を抜いてしまうこと）が始まりました。抜毛する子どもはとっても辛抱する子が多いのです。きっと何かを一生懸命辛抱しているに違いありません。

そのえいた君が教室で先生に注意されたときに、大きな声で叫んでしまい、学校でそのことが問題になりました。お母さんも学校から呼び出され、何か原因は考えられないか聞かれました。4年生になって毛を抜くようになったことは伝えましたが、なぜかははっきりはわからないと答えました。

漢字が覚えられない

漢字は覚えられないので嫌いでしたし、成績も悪かったのですが、算数や理科は平均以上でした。えいた君はお母さんが何度聞いても黙っていて何も答えようとしません。ただ、学校では同じクラスの子の何人かが、担任の一生懸命すぎる指導がきついと言い、登校拒否に近いことになっていたことが判明しました。えいた君に対しても漢字の宿題を余分に出すなどしていて、かなりしんどい目をしてがんばっていたようでした。

少林寺拳法

えいた君は手足の不器用さに加えて目でものを捕らえるのが苦手でした。でもかなりがんばり屋のため、まわりの人にはえいた君の努力が見えなかったのです。お父さんは少林寺拳法の先生でえいた君が3歳のときから週3回練習させてきて、えいた君が練習を休むことを許しませんでした。運動下手のえいた君にはそれもストレスだったようです。

宿題

お母さんは宿題をさっさと仕上げるように毎日プレッシャーをかけていました。えいた君は本来的に素直でがんばり屋なのに、どんなにがんばってもできないことを先生からもお父さんからもお母さんからも、もっとがんばるように言われ、こころが耐えられなくなっていたのだと思われました。

方針の提示

まず、お母さんにはえいた君が本来がんばりすぎる性格をもっていること、手足や目の使い方がかなり不器用であること、頭ごなしに宿題をしろと言うより、えいた君が何に困っているのか観察すること、漢字については学校の先生にも相談して、必要以上にがんばらせないようにすること、学年を下げてでも「わかった」「できた」と思える勉強をさせてあげることを話しました。

お父さんには、今のままでは〝少林寺拳法が嫌い〟が〝お父さんが嫌い〟につながってしまいかねないこと。むしろ少林寺拳法をやめて、えいた君の好きな理科の実験などでお父さんと付き合う時間をもった方がよいことを話しました。

ギターが習いたい

こんな状態でえいた君に何かしたいことはあるか、お母さんに尋ねてもらったところ、「ギターが習いたい」ということでした。今までは、お兄ちゃんも中学から習い始めたので、えいた君も中学からと決めていたそうです。本当にこころが萎えそうになっているときに、したいことがあるのはすごいことなので、今からでも始めた方がよいのではと話し、習うことになりました。

ここで、えいた君は幸運でした。ギターの先生はえいた君にぴったりの先生でした。先生はえいた君が手指が不器用で目も使いにくく、楽譜は読みにくいけれど、音感がよいことを見つけてくれました。それで、指の練習や楽譜を読むことから始めず、コマーシャル曲でもアニメの主題歌でも何でもよいので、一小節分の音を取って弾いてくることを宿題にしてくれました。えいた君は小さいときから音に敏感で、ちょっとした音で目覚めるので困っていたことをお母さんは思い出しました。一般に音に敏感な子は音感がよいことが多いのです。

「ギターの先輩のお兄ちゃんがやさしくリードしてくれ、きょうだいゲンカがなくなりました」とお母さん。宿題をした後ならギターをいくらでも練習してもよいということになってから、さっさと宿題もするようになりました。ギターなら1時間でも2時間でも練習するのだそうです。

担任の先生の交代

同じ時期に担任の先生も代わり、えいた君のレベルに合わせた宿題にしてくれました。えいた君の抜毛はいつの間にか消えていました。えいた君が満点をとれるのは2年生の漢字まででした。3か月間で3年生の漢字をクリアし、次は4年生に挑戦です。眼を動かすのが苦手なので、手本の漢字を下敷きにして写して書いて覚えるように工夫もしました。

ギターについての知識や経験を広げていく

嫌なことが全部なくなったえいた君。ギターに関していろいろな知識や経験を広げることに力を尽くしてもらいます。あちこちの演奏会に聞きに行くのもいいと思います。ギターを弾く子と友だちになるのもいいでしょう。日々が楽しくなったら、苦手な漢字の克服法にも取り組むことも計画しています。不器用なえいた君には習字で字を覚えることもすすめました。このことは左右にゆっくり眼を動かす練習にもなるかと思います。

サッカー大好き、ごろう君はゴールキーパー

ケンケンが下手

ごろう君は年長組の初めに私の外来に来ました。ごろう君は、お兄ちゃんがサッカーをしているので、小学校に入ったらお兄ちゃんの行っているサッカー教室に入りたいと思っていました。ごろう君には注意欠陥多動性障害があって、じっとしているのが苦手です。その上、見る

ことも手足の動作もともに不器用です。ケンケンも左右差が強く、右は20回以上できるのに、左は2回しかできませんでした。動くことは大好きなのに運動が下手なのです。足元にあるボールを踏んづけて、転んでしまったり、柱に激突したり、生傷が絶えません。

ごろう君は初診の場面で励ますことで、疲れた疲れたと言いながら、ケンケンの回数が右については30回まで、左は5回まで増えました。「疲れたのにだんだん増えてごろう君はすごいね」とほめられてまんざらでもない表情で診察を終わりました。ごろう君とは家でもその調子でがんばって練習して増やしていくことを約束し、感覚統合療法に通ってもらいました。ごろう君は1か月に2回通い、トランポリンの上で縄跳びをするなど、かなり難しいジャンプに挑戦してクリアしていきました。

3か月後、ケンケンの左右差はほとんどなくなり、細長くたたんで高く積んだタオルを跳び越えるケンケンも上手になっていきました。そして、転ぶこともなくなってきました。

ゴールキーパーが適役

小学校に入学したごろう君は念願のサッカー教室に入りました。ジャンプはずいぶん上達したのですが、友だちに向けて上手にボールを蹴ってパスすることができません。監督は、ごろう君はジャンプが上手なのでゴールキーパーができないかと考え、来たボールを全部止め返す練習をさせました。ごろう君は1時間でも2時間でも疲れを知らず、ぶっ続けで練習しました。

注意欠陥多動性障害の子どもは、疲れを知らず一生懸命し続ける子が多く、適材適所にはまると、ひと一倍練習するため、よい評価を得ることがあります。ごろう君も「ゴールキーパーはごろう君」という評価を得て、毎日楽しくサッカー教室に通っています。練習すればするほど、上手になります。ごろう君はもう疲れたという言葉をほとんど使わなくなりました。

絵の輪郭を描くのは苦手なのに色彩感覚が天才的な浩一さん

塗り絵はできるけれど絵が描けない

絵が描けないことが明らかになったのは、浩一さんが養護学校を卒業した年の秋でした。自閉性障害と知的障害を併せもつ浩一さんは26歳になる男性です。理解能力は5歳を超えていると思われますが、話し言葉のレベルは2歳前後です。養護学校時代の浩一さんは、色鉛筆を使って塗り絵はできるのに、白い紙を渡されて絵を描くことを強要されると抵抗して暴れるので、いつも同じように色鉛筆での塗り絵になっていたようです。

写し絵で輪郭を描く

ところがあるとき、本の絵などの上に薄い紙を置いて写し絵にすると白い紙でも絵が描けることがわかりました。白い紙に写し絵で絵が描けると塗り絵として色を塗ります。絶対にはみ出ることのできない浩一さんの絵ですが、よく見ると配色がとてもきれいなのです。

色鉛筆でなく絵筆で描く

絶対にはみ出すことなく塗るのは時間もかかり、ストレスフルなので、絵の具を使うことを薦めました。絵の具になってから、その色彩はどんどん美しくなり、みんなからほめられると、写し絵の後で色を早く塗りたい思いからか、写し絵の輪郭は下に敷いた絵の輪郭をどんどんはみ出すようになっていきました。そして、2時間でも3時間でも絵を描き続け、爪をはがして血を出す癖や、唾を吐いたりする癖は減っていきました。

それまで通っていた作業所から入所の施設に移ったときにも、絵を描く場所を与えてもらいました。以前なら新しいことを受け入れることが難しかった浩一さんですが、場所も介護者も利用者もすべてが新しい環境にスムーズに適応できたのは、絵をほめてくれる人なら誰でも受け入れることができる浩一さんの成長のお陰でした。今では、1年に1回、たくさんの作品を携えて、外来診察に来られる浩一さんの作品を見るのが私にとっても楽しみの一つになっています。

（この本のカバーイラストと第3章のイラストは浩一さんの作品です）

じん君はバレリーナ

つま先歩き

いつもつま先歩きをすることで2歳のときに紹介されて来たじん君は6歳になっても、じっと座っていることは苦手でした。お父さんもお母さんも体育の先生です。私は何かのきっかけで、じん君にはクラシックバレエを習わせてあげたらよいのではないかとアドバイスしたようです。しかし、小学校に入学されてからは外来受診はありませんでした。

うれしい手紙

それから数年たったある日、じん君のお母さんから突然お手紙が届きました。その内容は私たちをびっくりさせるものでした。お手紙によると、お母さんはその後すぐじん君をバレエ教室に連れて行きバレエを習わせたそうです。バレエを習う男の子は少なかったため大切にしてもらえ、じん君も一生懸命練習したそうです。注意欠陥多動性障害の児特有の疲れを知らない熱心さが好影響したに違いありません。

ロシア留学

中学1年生になったじん君はバレエ教室から推薦されて、ロシア人バレエ団主催のオーディションに合格し、1年間ロシアに留学が決まったということでした。どうしたらよいか少し不安があるということで、私はすぐに電話して久しぶりにお母さんの声を聞きました。

「お母さんすごいじゃないですか。じん君よくがんばりましたね。迷う必要はないですよ。その結果何が待っていようと、その経験そのものがじん君をさらに成長させることは間違いないと思います。今までの努力の結果ここにたどりつかれたのですから、ぜひ留学させるべきです」お母さんは仕事を1年休職扱いにしてもらって、じん君についてロシアに発って行かれました。

将来の主役候補

そして最近のお手紙には、秋の京都公演の招待状とともに、さらに進化したじん君の様子が書かれていました。有名なバレエ団の一員として準主役も務めるようになり、海外公演にも参加されているそうです。将来の王子役も約束されているとのことです。幼児期のじん君のことを考えると夢のような展開です。じん君は、多くの同じような発達障害をもつ子どもたちに希望を与える存在に成長しました。本当にうれしいことです。

路線図からなら何でもＯＫのひろゆき君

電車が大好き

ひろゆき君は2～3歳のころから電車が大好きな男の子でした。幼稚園のときには電車の名前で字を覚え、新幹線３００系・阪急電車・近鉄特急・ＪＲなど電車を一瞬で見分けるようになりました。電車のミニチュアも家にあふれ、電車の本もたくさん買いました。

私は「電車のレールを紙の上に書かせてみたら」とか、「お母さんが書いた踏切の絵を切らせてその上に貼らせてみたら」など電車そのものばかりでなく電車の周辺に意識が行くようにアドバイスしました。休みの日に電車に乗せてあげて、切符売り場で切符を買わせたり、改札を通らせてあげたり、駅の名前を読み上げたり、お母さんのそんな日々の努力がドンドン成果をあげていきました。

漢字がなかなか覚えられない

ひろゆき君は漢字の練習が大嫌いです。宿題もいい加減になり、お母さんのストレスです。ところが、お母さんが見つけたことがあります。阪急の終点の「梅田」が読めたり、「天下茶屋」

などの難しい漢字が読めるということです。「梅田」も書き方を教えたら書けたというのです。駅の名前は字が読める前から全部覚えてしまったそうです。私は興奮しました。宝さがしの地図が見つかったような感じです。

これからは電車に乗るときにノートを持って行って駅に着くごとに、写真を撮り、文字を書き写すようにしてみることを提案しました。字を書き写す時間が十分になくとも、後でデジタルの写真を見て書くこともできます。徐々に自分で写真も撮るようにしていき、家に帰ってプリントアウトしてノートに貼りつけたり、さらに進化してパワーポイントにペーストして順番に並べたり、パソコン機能の高度な技術に結び付けることもできるのではないかと思います。ゲームやネットに興味をもつ前に電車がらみでもう少し技術的な経験をさせてあげるのがいいかとも思います。

計算は全部記憶

担任から質問がありました。ひろゆき君は2ケタの計算も記憶力テストのようになっていて、ほぼ満点が取れるのですが、数概念はまるっきりなくて、おはじきでの2個＋3個がわかりません。どうしたら数概念を育てられるかということでした。

「お母さん、これも学校へ電車のミニチュアをたくさん持って行って、電車で計算させた方がいいのではないでしょうか？　2両＋3両ならわかるのでは？」

「それに電車のおもちゃを3人の友だちに2両ずつとか3両ずつとか分けさせるなどもいいですね。その後は10個を3人に分けさせて1個残ることがわかれば、足し算のような引き算のような、掛け算のような割り算のような計算になります」

ひろゆき君は電車なら12両＋13両を並べることができ、10両ずつまとめて全部で25両になると答えられたそうです。結局、おはじきを数える気にならなかっただけのようでした。

これからの可能性

これからも時刻・時間の計算はもちろん、地図の読み方、地域の産業や歴史……何でも電車や路線図と関連づけて勉強すれば楽しんで勉強ができそうです。夏休みには1泊2泊の旅行もし、時刻表や地図も意識できると経験がさらに広がってよいのではないかと思っています。

得意なことは
自分を好きに
なるためにある。
苦手なことは
少しずつ努力して
乗り越える喜びを
知るためにある。

ヤモリ先生の
子育て
キーワード

●子どもは日々発達する、
それは日々新しいことに出会うこと
●新しいことには不安や緊張がつきもの、
でも子どもは好奇心で突進する
●成功すると自信も期待も意欲も増す、
失敗すると不安や緊張が倍増する
●泣いて抱きついてほっとして意欲回復
●お母さん、お父さんの通帳をまずプラスにすること

●こころの安心の貯金通帳、
誰もがみんなもっている
●貯まる人のはいくらでも貯まる、
貯金が多いと自分のよいところが出せる
●貯金が少なくなると何とか増やそうと努力する
●借金が多いと悪いところが出てしまう
●借金が多すぎたり長く続くと自己破産したくなる

●幼児期までに貯金の仕方を覚えると
苦労や不幸に耐える力が強くなる

matome…

第2章
子どもの
こころとからだ

●障害があってもなくても大切な3つの柱

運動障害・知的障害・感覚障害・自閉症スペクトラム障害・注意欠陥多動性障害・学習障害……その他さまざまな障害がありますが、その発達支援を考える時、療育（治療＋教育）として理学療法・作業療法・言語聴覚療法・摂食嚥下療法を軸に、障害児保育・障害児教育・統合保育・統合教育など、一人ずつの特性によって軽重の差はあっても、からだのちから・コミュニケーションのちから・生活のちからの3つの柱すべてについて、支援されています。

これは障害がなくても同じです。この3つの柱は、子どものこころの発達を根底で支えている大切なものです。

この章では、子どものこころの発達を支えている3つの柱

①からだのちから（よい姿勢・協調運動・持久力）
②コミュニケーションのちから（愛着・マネ・自己主張・けんか・仲直り）
③生活するちから（生活習慣・家事のお手伝い）

について述べたいと思います。

●こころとからだに配慮した育児支援の実例

保育園が楽しくないひかる君

ひかる君は2か月半に初診して運動機能訓練を受けました。その後、1歳半に歩けるようになってからはしばらく受診がありませんでした。3歳半の時に言葉の遅れがあり、ジャンプができないことで再来院しました。ひかる君にとって一番の悩みは保育園がおもしろくないということでした。ひかる君の赤ちゃんの時からのことを紹介します。

2か月半

姿勢の特徴▶頭が右向きで反っていて、胸を突き出している。

症状▶オッパイを飲むのが下手で、大泣きすると全身の色が悪くなる。

11か月半

姿勢の特徴▶上肢が支えられないので、四つ這い・お座りはできない。首が反り返っていて胸を突き出している。うつぶせていても頸をそらせて天井を見ることができる。

症状▶鼻炎・中耳炎・喘息様・気管支炎になりやすい。飲み込み食べが多い。

3歳半

姿勢の特徴▶胸がへこんでお腹が突き出ている。足をそろえて気をつけができないため、手を腰に添えて立つ。

症状▶いつも口を開けている。言葉が不明瞭。繊維のものが噛み切れない。不器用。走れない。ジャンプできない。鼻炎・中耳炎・喘息・便秘になりやすい。

必要な力を育てるために

⑴ 15 分体操
　＝上半身の力・姿勢バランス・運動（からだのちから）

●お尻を高くして上肢支持
　→手指と腕の力・顎の力・腹筋の力をつける。
●上半身を後ろから支えて片足立ち
　→大腿の筋肉と反対側の臀筋の力をつける。
●ひざを曲げて小さくなってから台からの飛び降り
　→ジャンプ力をつける。

体操を続けるときの配慮

①毎日お母さんがほめる機会としての体操
(自分で自分をほめられない子だから)
●「こうして」「そうそのとおり」「一つだけでもやろう」「嫌なのによくがんばったね」は○
●「ダメ」「そうじゃなくて」「嫌だったらしなくてよい」「全部しないとダメ」「先生にいいつけるから」は×

②少しずつ上手になる自分を知らせるためのグラフ
●記録挑戦型のグラフをつける。
(上がる一方で下がらない。上がらない日はそのまま)
●嫌なのにした日は花丸。
●ちょっとオマケもあり。

⑵ありがとう５回作戦
　＝信頼関係を育てる

●家族みんなが１日５回ありがとうと言う機会をつくる。

⑶お手伝い
　＝生活する力

●掃除・洗濯・買物・料理などを一緒にする。

ひかる君のために必要な力を育てるための処方をしました。どれもコミュニケーションを育てる配慮をしています。６か月続けて、友だちと遊べるようになりました。

1　からだのちから

●赤ちゃんの気持ち

ここでは、姿勢や運動の発達が子どものこころとどのようにつながっているかについて、印象的な例を挙げて述べてみたいと思います。

胎児の運動

赤ちゃんは、お母さんの胎内で手を口にもっていってなめたり、寝返りしたり、這い這いのような動きをしたりしていますが、その時点ではそれはまだ重心の移動を伴うものではありません。

乳児の運動、重心移動

でも、その同じ動きをお腹の外に出てから行うと、すべて重心の移動を伴うのです。例え

ば3か月の赤ちゃんが、仰向きで寝ている状態で手と手を合わせて口にもって行こうとするとき、同時に足と足を合わせて、ひっくり返らないようにバランスをとります（イラスト②・79頁）。足を床から持ち上げるとき、重心が頭の方に移動し、手と手を合わせやすくなっています。腹筋が弱く、自分では足を持ち上げることができない赤ちゃんで、こちらが足と足を合わせて持ち上げてあげると、それまでできていなかった手と手を合わせる遊びをしだします。できないことができたとき、「上手にできたね」と話しかけると、うれしそうににっこりすることもあります。

胎内でしていたことでも、対外に出ると重心の移動がないとできないのです。赤ちゃんにしてみたら、胎内でしていたのにできないと、少しイライラするかもしれません。3〜4か月になって、理由もなくよく泣いていた赤ちゃんが、手を合わせて遊べるようになってあまり泣かなくなることも経験します。10か月になっても、よく夜泣きしていた赤ちゃんが、這えるようになって夜泣きしなくなったなどもよく聞く話です。赤ちゃんは普通、何か一つのことができるようになるまで、それが手をなめるだけのことですら、一生懸命に努力しています。やっと一つのことができたとき、何度も何度も同じことを練習し、どんどん上手になっていきます。

それがやりたいと思っても、どうしてもできない赤ちゃんは、どうでしょうか？　不機嫌でよく泣く赤ちゃんや夜泣きする赤ちゃんは、きっと何か伝えたいことがあるのです。そっくり返って抱かれるのが下手な赤ちゃんも、本当はしっかり抱かれたいのだと思います。機能訓練を受けて、お母さんの胸に抱かれやすいからだになると、お母さんに抱かれただけでピタッと泣き止むようになり、普段から機嫌がよくなったり、夜泣きがなくなったりします。お母さんが育てにくいと思っている赤ちゃんは、必ずと言っていいくらい、姿勢や運動の問題をもっています。

●乳児期の理想的な姿勢運動発達の構造

お母さんが育てにくいと感じている赤ちゃんの姿勢や運動について述べる前に、運動学的に理想的と思われる姿勢運動発達の構造（図1・78頁）に触れておきたいと思います。これはあくまで《理想的》であって、すべての赤ちゃんがこの通りに発達するというわけではありません。しかし、赤ちゃんが歩くまでの発達過程にあるすべての運動は、頸椎《けいつい》・胸椎《きょうつい》・腰椎《ようつい》と手足をつなぐ全身のすべての関節とその周辺の筋肉運動を、赤ちゃんが歩くまでに用意しようとするものです。人間がそのからだの大きさに比べて小さい二つの足で安定して歩くために、必要な協調運動や支持機能が順序よく用意されていて、その発達の構造を知れば知るほど、自然が用意したすばらしい仕事を見せつけられる思いです。

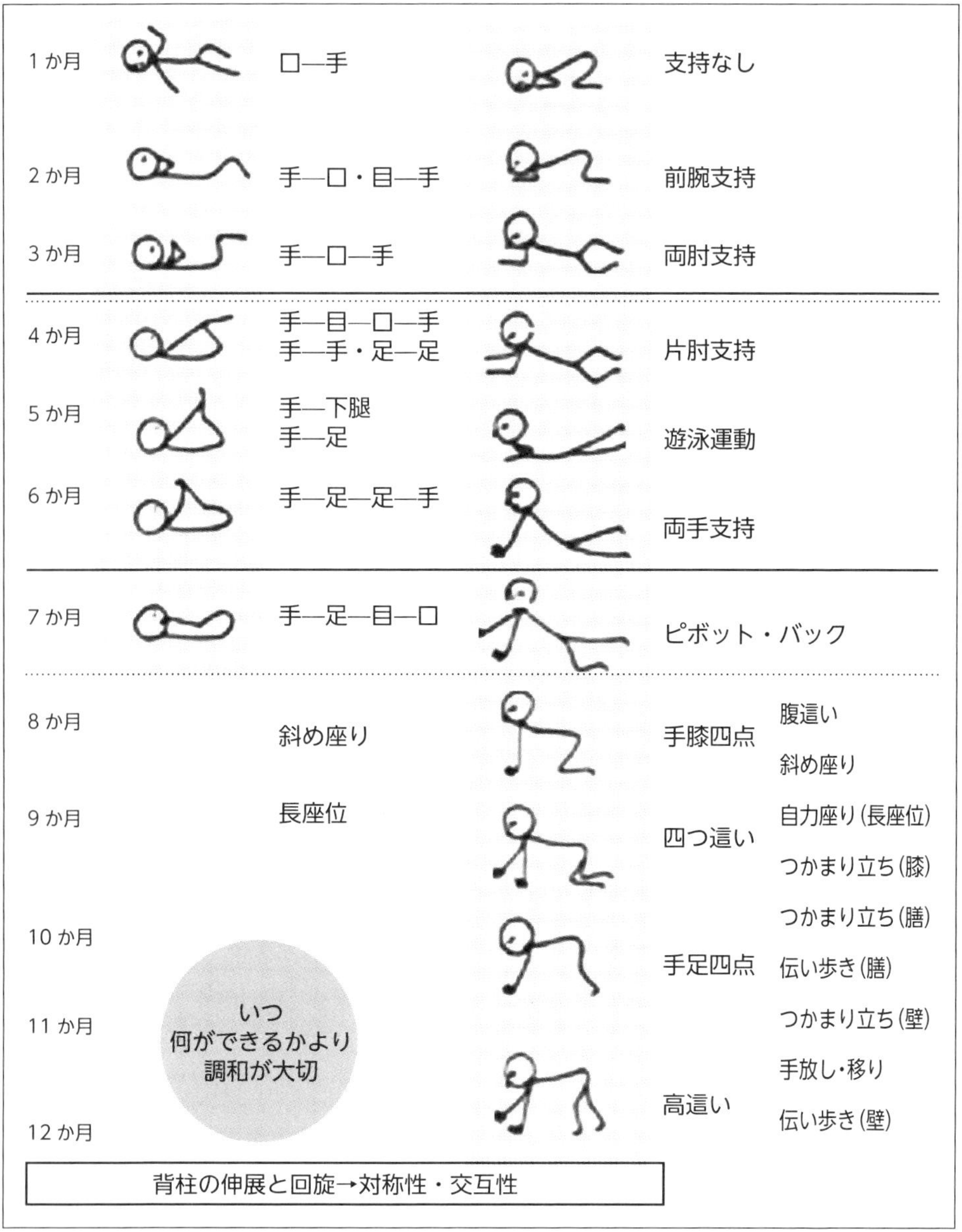
1 か月
口—手
支持なし
2 か月
手—口・目—手
前腕支持
3 か月
手—口—手
両肘支持
4 か月
手—目—口—手
手—手・足—足
片肘支持
5 か月
手—下腿
手—足
遊泳運動
6 か月
手—足—足—手
両手支持
7 か月
手—足—目—口
ピボット・バック
8 か月
斜め座り
手膝四点
腹這い
斜め座り
9 か月
長座位
四つ這い
自力座り(長座位)
つかまり立ち(膝)
10 か月
つかまり立ち(膳)
手足四点
伝い歩き(膳)
11 か月
いつ
何ができるかより
調和が大切
つかまり立ち(壁)
手放し・移り
高這い
12 か月
伝い歩き(壁)
背柱の伸展と回旋→対称性・交互性

図 1　理想的な姿勢運動発達

仰臥位の発達（図1）

●正面を見る

生まれてすぐの赤ちゃんは仰臥位《ぎょうがい》（あおむけの状態）で寝かされたとき、頸が後ろに反っていて左右どちらか一方を向いています（右を向いている赤ちゃんが多い）（イラスト①）。目は見えていても、この姿勢で何か見ようとして頭を回そうとするとからだ全体が動いてしまい、びっくりの動きになってしまいます。生後6～7週にもなると、左右30度は頭を動かして見ることができるようになりますが、30度以上頭を回そうとすると顔を向けた側の手足が伸びてしまいます。しかも、まだ正面をじっと見ることはできません。生後2か月になると、手足を精一杯つっぱれば頭を正面に保つことができるようになります。顎をひいて頸椎をまっすぐ保てることで、まっすぐ前を見ることができるのです。

さらに、3か月以上になると、その上に、両手を合わせて遊ぶことができ、同時に足と足を合わせて、ひっくり返らないように、バランスをとります（イラスト②）。このとき脊柱は頸椎・胸椎・腰椎ともにまっすぐになっています。

イラスト①
頸が後ろに反っていて左右どちらか一方を向いている。

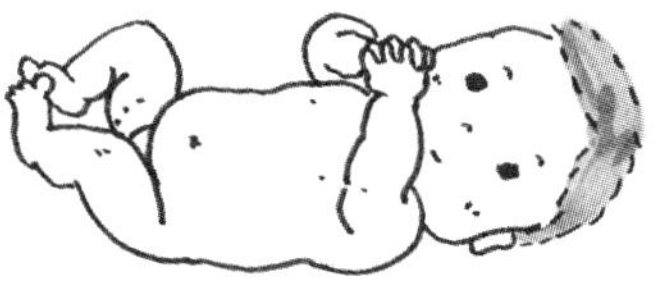

イラスト②
両手を合わせて遊ぶことができ、同時に足と足を合わせてひっくり返らないようにバランスをとる。

●手と口

また、生まれてすぐの赤ちゃんはまず、乳首に吸い付かねばなりませんので、口の周辺になにかが触れると、舌がその方に向かうと同時に顔を回し、吸い付こうとします。これを探索反射といい、自分の手が頬に触れた時も、その手に吸い付こうと顔を回して上手くいくとその手を吸おうとします。この時期はまだ手の甲をなめる程度ですが、しかし、向き癖が強くなければ、この行動が左右に起こり、頸椎の左右への回旋の動きが発達していきます。

●目と手

赤ちゃんは生まれたときから目は見えていますが、頸椎の左右への回旋ができることも関連して、生後2か月にもなると自分の視野の中に自分の手をかざして、じーと見ている姿が見られます。その行動を左右ともしたいと思うことでも向き癖が直ります。

●手と目と口とおもちゃ

2か月の赤ちゃんは、おもちゃを持たせようとしても、自分で手を開いて持つことはまだできません。同じことを3か月の赤ちゃんはできます。4か月の赤ちゃんだとおもちゃに自分から近づいて取りにいけます。ただし、正中線上（からだの真ん中のライン）におもちゃを置かれると左右どちらの手でつかんでよいかわからず、手が出ません。これが4か月半になるとできるのです。4〜6か月の赤ちゃんは両手でおもちゃを持ち、なめたり見たりして遊ぶ姿が頻繁に見られますが、しっかり舌でなめることで離乳食が上手に食べられるようになり、一つのおもちゃを両目で見ることによって立体視が育ち、将来の視知覚認識の機能の土台になります。

●手と目と口と足

6〜7か月には両手で片足をおもちゃのように持って、なめて遊ぶ姿が見られます。これは自分の手足をしっかり知るために、最も敏感な口に持って行って感じる遊びです。

●寝返り

自分の側方にあるおもちゃを取ろうとすることで寝返りができるようになるのですが、がんばって寝返りして、おもちゃを自分のものにできたとき、赤ちゃんはちょっと得意そうな顔をします。寝返りも初めから簡単にできるわけでなく、何度も練習してできるようになるので、大きな達成感を感じられるのでしょう。

●ベビーラック

赤ちゃんがこの間ずっとベビーラックに乗せられたまま過ごしていたり、ずっと抱かれていたりしたら、どうなるでしょうか？　足を持って見てなめることや、寝返りはできないことになります。また、肘でしっかり支える腹臥位《ふくがい》（うつぶせの状態）で獲得する筋活動の体験もできません。

腹臥位の発達（図1・78頁）

●前腕で支える

生まれたばかりの赤ちゃんをうつぶせでベッドに寝かせたとき、手足を強く曲げていて、お尻が高い位置にあり、頭は一方を向いてベッドに押し付けられたようになっています。

2か月になると、お尻が下がってきます。それと同時に、頭を中央に持って来て両方の前腕で支えて一瞬頭を持ち上げることができるようになります。このとき、頸椎がまっすぐになっているはずです。

●両肘で支える

さらに生後3か月になると、肩より前に肘が出せるようになるため股関節がしっかり伸びて、腹臥位が安定します。体重の3分の1の重さのある頭を持ち上げて前を見ることができるのです（イラスト③）。このときも、脊柱全体がまっすぐになっています。

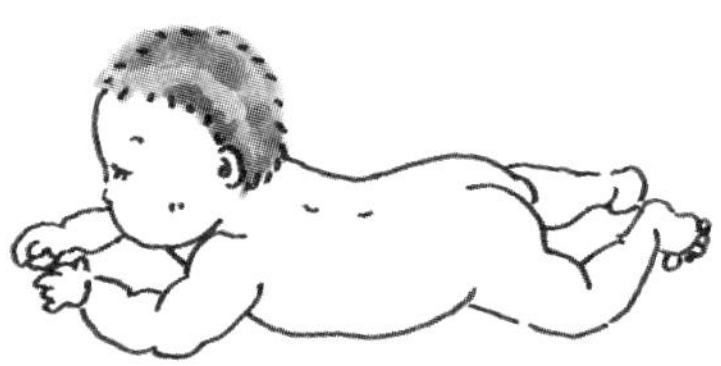

イラスト③
肩より前に肘が出せ股関節がしっかり伸びる。
頭を持ち上げて前を見ることができるようになる。

●対称的で交互性のある運動発達へ

両肘で支えて左右を見ている間に、重心が左右に動き、右肘と左膝、左肘と右膝で蹴るなどの交互性の動きが出せるようになって腹這いができるようになります。ここでも脊柱の左右への対称的な回旋が見られます。うつぶせで左右へ回転したり、時には前に行こうとしたのにバックしてしまったり、初め非対称で始まっても、おもちゃに近づきたい一心で動いている間に、1か月もすれば対称的になっていきます。

その後、四つ這いの形になって前後にロッキング（からだを前後に揺する）している間に、片方の掌で支える力が強くなり、斜め座りから自力でのお座りになれたり、四つ這いが上手になっていきます。膝で支える力がしっかりしてくると、つかまり立ち・伝い歩きで立っていることが増え、そのうち手と足で支えた高這い位となり、立ち上がるようになって一歩二歩と歩きだすのです。

●育てにくい赤ちゃん

生まれてまだ日数もたたないころに、次のような症状を示す赤ちゃんを育てているお母さんの気持ちになってみてください。特に、それまで赤ちゃんを抱いた経験のないお母さんの場合、相談相手がいなければ、不安で不安で仕方ないはずです。

育児困難を招く症状

哺乳……時間がかかる。量が少ない。むせやすい。よく吐く。
ムラがある。音を立てて飲む。ゲップが下手。

呼吸……ゼーゼーしやすい。チアノーゼ（血液中の酸素濃度が低下して、唇や皮膚が紫色になる）になりやすい。声が小さい。声が続かない。あまり泣かない。肺炎になった。

睡眠……寝付きが悪い。眠りが浅い。中途覚醒。昼夜逆転。
断続睡眠。眠ってばかり。泣いてばかり。

排泄……便秘しやすい。ガスが多い。頻尿。尿路感染症。

体温……低体温。体温変動。手足が冷たい。汗をかかない。多汗。

精密検査が必要と考えられる症状

視覚……斜視。眼球振盪《がんきゅうしんとう》（無意識に眼球が動く）。落陽現象《らくようげんしょう》（黒目の部分が下まぶたの中へ入り込んでしまう）。異常眼球運動。視線が合わない。固視・追視しない。

聴覚……音に敏感。音に無反応。

筋トーヌス…手足が固い。股関節開排制限。

手拳（にぎりこぶし）が目立つ。抱きにくい。からだが柔らかい。反り返りやすい。足が震える。びっくりしやすい（急に緊張が強まる）。

触覚……痛みを感じないように見える。過敏。

痙攣……急にからだを固くしたりピクピクさせたりする。

お母さんはどんな気持ち？

こんな症状があるとき赤ちゃんはどんな気持ちでいるのでしょうか？　また、お母さんやお父さんはどうでしょうか？

このような症状は、一時的である場合と、将来、何らかの障害につながる場合とがありますが、お母さんが訓練するなど働きかけることによってよくなってくれると、お母さんはうれしく、それまで心配の対象でしかなかった赤ちゃんを、かわいいと感じるようになるのです。

●姿勢と機能とこころの関係

赤ちゃんそれぞれ

次ページの赤ちゃんは四つ子ちゃんです。

1の赤ちゃんはおっぱいを飲むのが下手です。時々音を立てて飲み、吐きやすい赤ちゃん

1

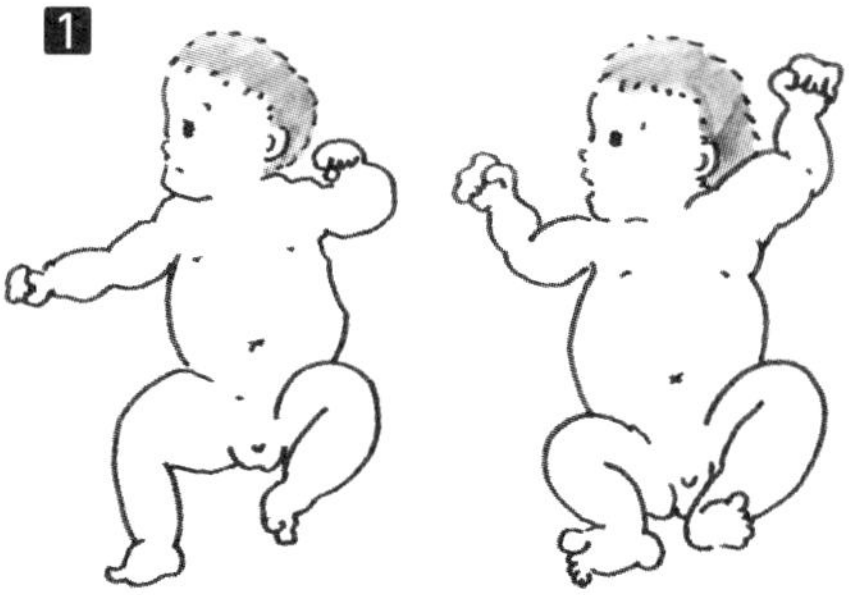

左肩が上がり左の頸を縮める姿勢になりやすく、おっぱいを飲むのが下手。よく吐く。

2

上肢をいつも後ろへ引き込んで胸を突き出した姿勢をしている。

3

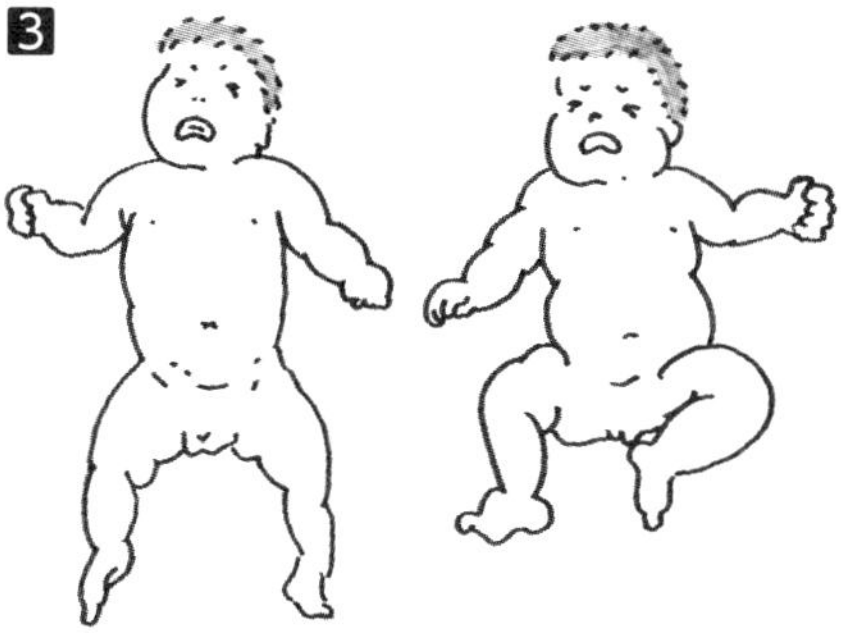

反りやすい。
伸ばした時に足首が底側のほうへ屈曲してしまいやすい。

4

下肢をあまり動かさない。

です。吐いたおっぱいは泡だらけなので、空気を飲み込みやすいのがわかります。このような赤ちゃんは、飲むときに舌が乳首にきちんと沿っていないことが考えられます。この赤ちゃんは、左肩が上がり左の頸を縮める姿勢になりやすく、右向き癖があります。頭で支えて顔を正面に向かせ、口角（口の両端の角）に手を当てて軽く押さえてみると、左へは舌が動きますが、右へは動きにくい状態が見られました。このような赤ちゃんでは、おっぱいを飲ませる前に舌の右側を刺激して右へ動かす運動をさせてあげます。

2の赤ちゃんはゼロゼロしやすい赤ちゃんです。上肢をいつも後ろへ引き込んで胸を突き出した姿勢をしています。呼吸に必要な大胸筋が使いにくい姿勢です。うつぶせにして肘で支える体操（図6・100頁）をするとよくなります。

3の赤ちゃんは**1** **2**の赤ちゃんより反りやすい赤ちゃんです。下肢を屈伸することはありますが、伸ばした時につっぱってしまいやすいのが特徴です。このような赤ちゃんでは将来ジャンプした時に膝がつっぱってしまいます。仰臥位の体操（図6・100頁）で膝を曲げて足ウラ同士を合わせ胸の方へ近づけるように練習します。

4の赤ちゃんの特徴は下肢をあまり動かさないことです。他動的に頭の向きを変えて手をなめさせてみましたが。骨盤と広げたままの大腿の部分に動きが見られません。足先の尖足もほとんど変わりません。

1 **2** の赤ちゃんでは両方の足を正中線上に寄せることができ、足首が背屈しています。また膝を曲げてからだの前に持ち上げることが上手です。このような赤ちゃんは将来歩くこともジャンプすることもできますが、**4** の赤ちゃんはこのままだと歩くことができず、**3** の赤ちゃんではジャンプが上手にできません。

乳児期の発達の影響が見える小学生

イラスト④の男の子の姿勢を見てください。これは4年生の時のものです。この子は健常児ですが、おそらく生まれた後かなりの期間、左向き癖があったのではないかと思われます。左側のイラストで下半身を見ると左右差は少ないようですが、上半身は左へ傾いています。首を右に傾けてバランスをとっています。片足立ちでは右足に比べて左足が少し外にあります。腹這いをさせると左肘で支えて右足で這うのは難しいようです。

この子は10か月の初めに歩き出しましたが、3歳になってもよく転んでいました。転んでも手が出ないため、額に一生傷が3つあります。乳児期にベビーラックや歩行器を多く使って育てられたため、歩くまでに交互性の腹這いや四つ這いをきちんとしていなかった可能性がありますｓ。腹筋が弱くお腹が出ていて、ズボン釣りをしてもシャツがいつも外に出てしまいました。噛むことが下手で、ホウレンソウのおひたしもなかなか飲み込めません。その代わり、うどんやカレーライスなどは、つるつるっと早く食べることができます。年に何回か滲出性《しんしゅつせい》中耳炎になり、小学校に入学する時には難聴の精密検査を受けるように言われました。竹馬にはどうしても乗れず、小学2年生になってもまっすぐに字を書くことができず、鏡文字になりやすい傾向がありました。首が右に傾いていて眼球運動の問題があった可能性もあります。習字を習い、ゆっくり大きな字を書く練習をしてよくなりました。自信がなくすぐに泣いてしまい、原因不明の頭痛を訴えることもありました。優しい子ではありましたが、高学年になって勉強ができるようになるまで、そんな状態が続いていました。

この子は私の長男ですが、毎日腕立て伏せやタオ

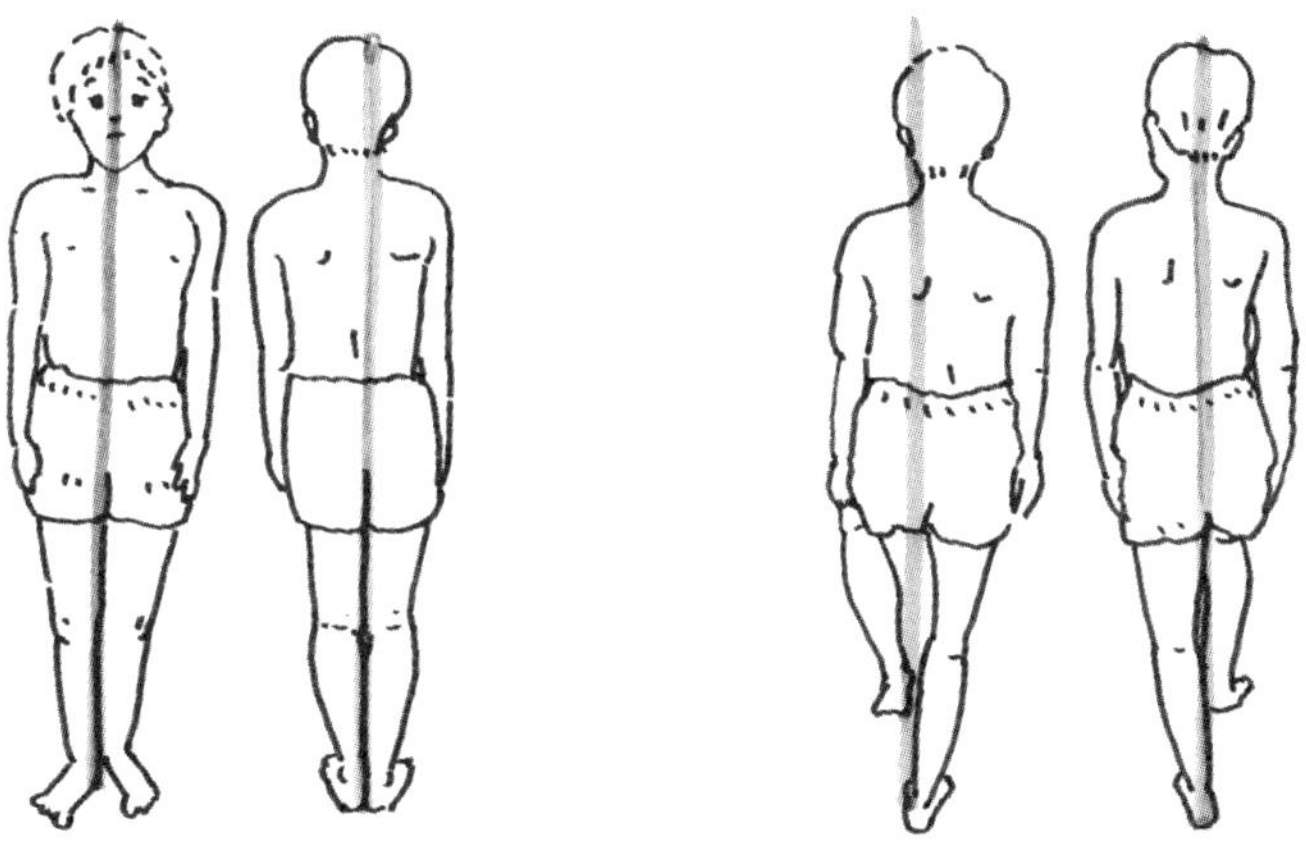

イラスト④　下半身を見ると左右差は少ないようだが、上半身は首が右に傾いている

右膝に比べて左膝が少し外にある。肩甲骨の高さに左右差がある。

ルケンケン（10㎝の高さにしたタオルを繰り返しケンケンで跳び越える）を続け、走るのが早くなりました。

向き癖

3か月半くらいですと、ふだん仰向きで寝かされていることの多い日本人の赤ちゃんは、まだ向き癖を示していることが多いようです。その頻度を調べたのが図2です。何らかの問題を指摘されて聖ヨゼフ整肢園に3～4か月で受診された赤ちゃん55人＝（A）と、保健所の3・5か月の乳児健診に来られた赤ちゃん90人＝（B）で比較しました。

乳児健診に来られた赤ちゃんはほとんどが健常児ですが、3分の2の赤ちゃんは向き癖を示していました。でも、おもちゃを追視させたときには、（A）（B）で大きな違いを示していました。追視させたとき、（B）の赤ちゃんでは、顔が右を向いたときには下肢を左に倒し、顔が左を向いたときは下肢を右に倒してバランスをとる赤ちゃんが多かったのです（図3）。これは脊柱がまっすぐになっていないとできない動きです。3か月半はすごいのです。

発達順序の逆転・非対称の意味

今まで見てきたことから、向き癖があることそのものより、何かをしようとしたときに脊柱をまっすぐにできることが大切なのではと考えられます。脳性麻痺などの運動障害をもっ

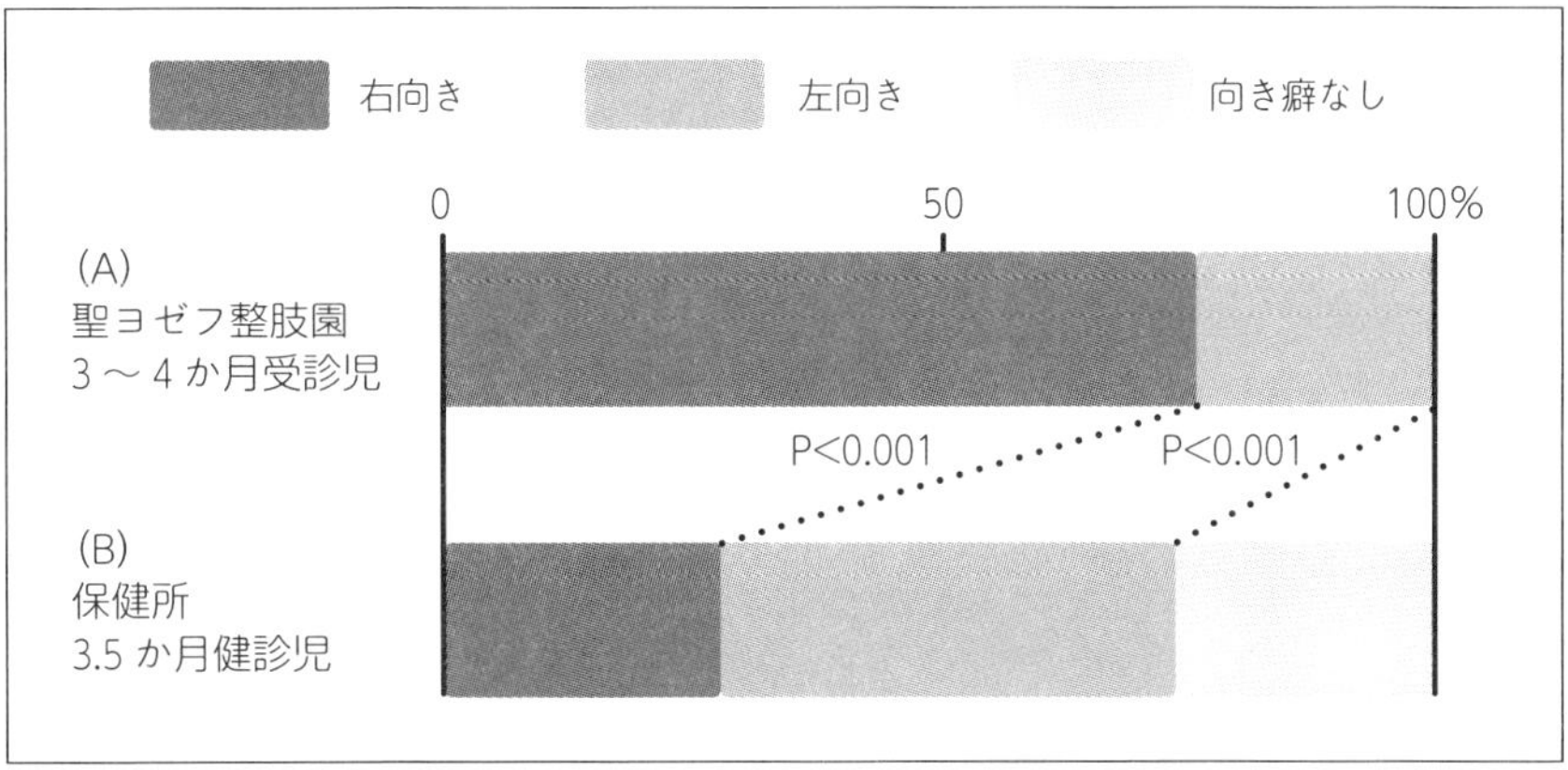

図 2　向き癖の頻度

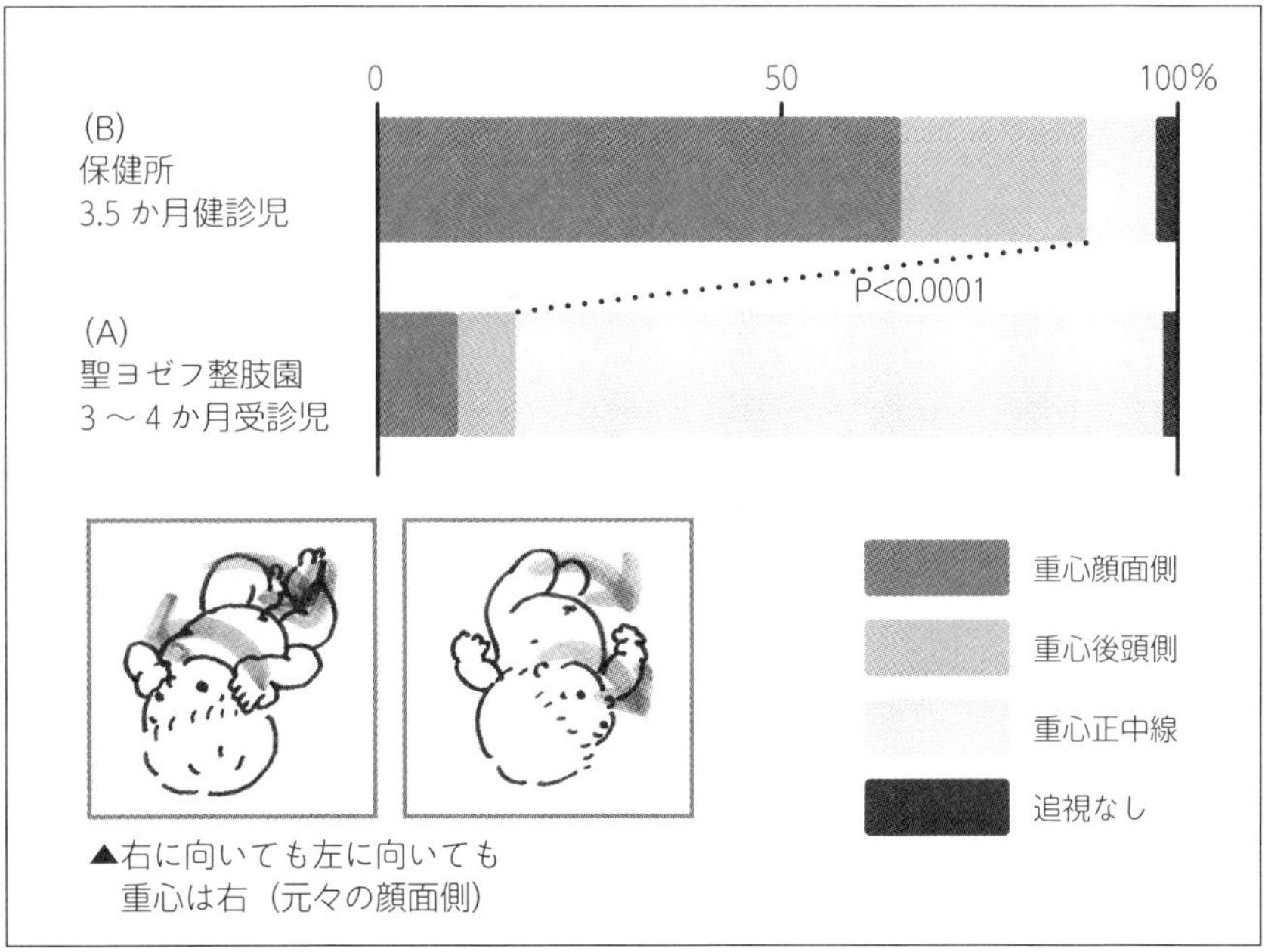

▲右に向いても左に向いても
重心は右（元々の顔面側）

図 3　追視中の重心のかたより

ている子どもはいつまでも向き癖や姿勢の非対称が残っていて、特に寝たきりの重度障害の人はそのことが側彎症《そくわんしょう》（背骨が側方に湾曲する病気）につながっています。また、自閉症などの発達障害をもつ子どもも、片足立ちやケンケンに左右差があり、重心が偏っていてまっすぐに立つことができず、運動が下手で発達性協調運動障害が見られます。そのことが、幼児期に友だちと一緒に遊びにくい原因にさえなっています。

図4は何らかの問題があって、聖ヨゼフ整肢園で6か月以上機能訓練を受けたことのある子どもが3歳になったときの診断で、脳性麻痺20人＝（A）、その他の発達障害か軽い脳性麻痺7人＝

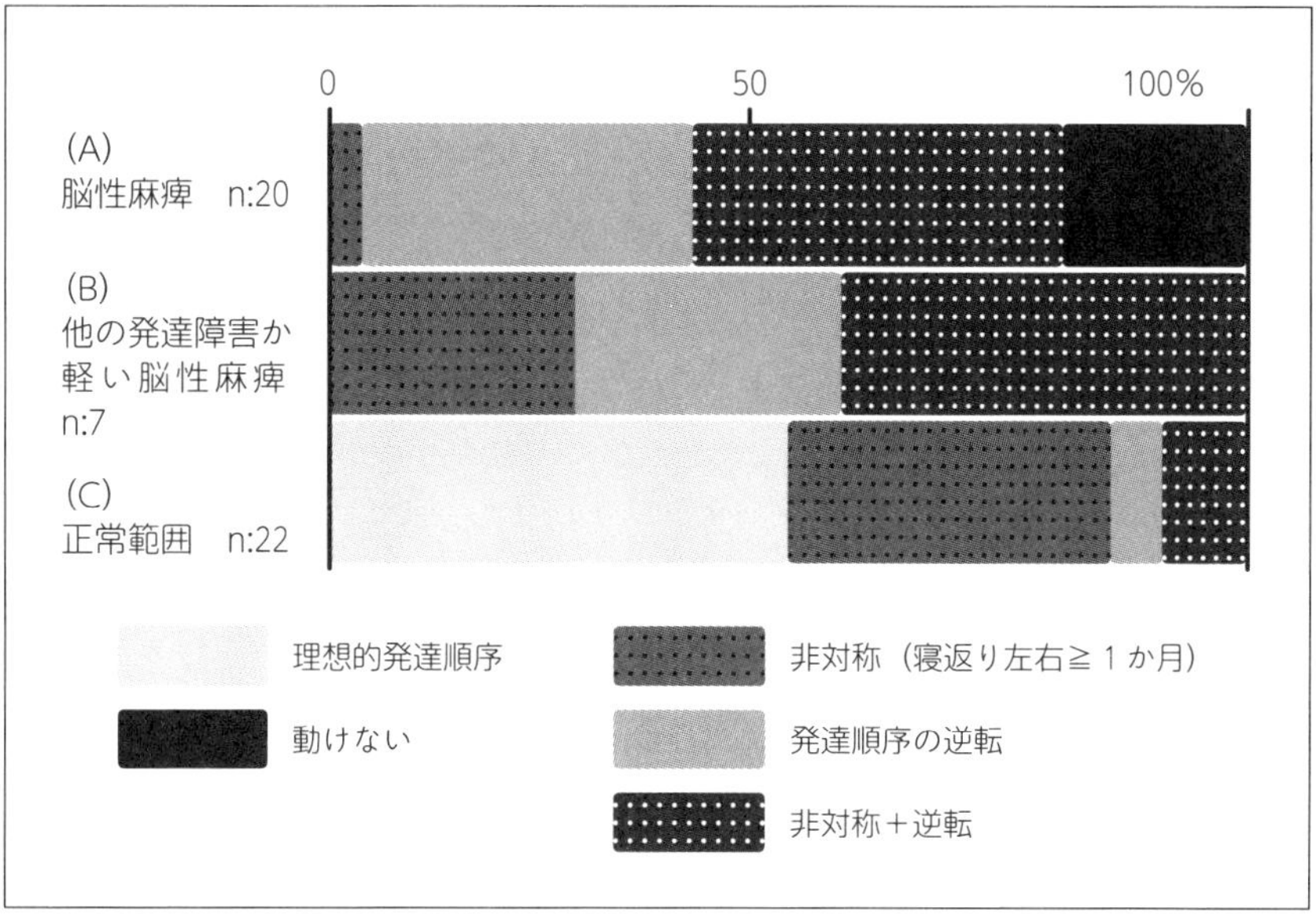

図4　発達の順序

（B）、正常範囲22人＝（C）に分けて、どんな発達の順序をたどったか表したものです。非対称は右への寝返りと左への寝返りの時期が一か月以上あいていたことを示し、（B）の75％に見られました。発達順序の逆転は寝返りが片方しかできないのに這い始めたり、お座りできていないのにつかまり立ちができるなど、順序に逆転が見られた場合で、（A）（B）の70～75％に見られています。

●這い這いの大切さ

最近、這い這いをしないで、すぐに立って歩く赤ちゃんが増えています。這わなくとも歩くことはできます。それでは人間の赤ちゃんにとって這うという運動機能は必要がないのでしょうか？　それならなぜ、多くの赤ちゃんが這うのでしょうか？

運動学的に見ても這うという運動は、全身の各関節が調和よく動いてくれないとできません。特に脊柱と肩・肘・手・指の各関節や股・膝・足・足指の各関節など、関節周辺の筋肉群が四肢で互いに連携を取って収縮する必要があります。頭の位置が少し傾けば片側に余分な重力がかかり、交互性が歪みます。表1に這い這いをしている時期に赤ちゃんがどんな経験をしているかをリストにしました。

いろいろなことができるようになる満足感もあるのでしょうか、実際に這えなかった赤ちゃ

①遊びたいおもちゃを自分で決めて、自分で取りに行く (自己決定・自己実現)
②「何かな？」と思うものに近づき触れたり、なめたりして確かめる (探索能力・試行錯誤)
③いろいろな危険に出会うことで注意深くなる
④危険に出会うたび、お母さんに助けを求めたり、お母さんのところへ逃げる (安心の基地の確認)
⑤遠近感・立体感・空間認知・直感・目分量
⑥上下肢支持機能・手指機能・口腔機能・呼吸機能

表1　這い這いはなぜ大切？

んが這い始めることで、急に意欲的になって笑顔が増え、困っていた夜泣きがなくなったりもします。

表1の⑥に上下肢支持機能・手指機能・口腔機能と書いていますが、手と膝でしっかり支えて大股で交互に這う時、手指の先に頭の重さがかかります。また、顎や噛む筋肉群にもかなりの力がかかります。このことが、8～10か月の間に手指でつかむ動作や、歯茎で食べ物を潰して食べることができるようになることと関係していると思います。しっかり這うことで呼吸が上手になり、カゼをひいてもクシャミや咳でウイルスや細菌やその死骸をからだの外へ追い出せます。それは、お母さんからもらった免疫がそろそろなくなるころでもあり、初めて自力でカゼを治す練習期でもあります。歩けるようになって多くの人と出会う前にからだが準備しているのでしょう。

●発達障害の早期診断・早期治療のために

次のページのイラストは生後2～3か月に訓練を開始したときの赤ちゃんの姿勢ですが、みんなよく似ています。脳性麻痺も発達障害も新生児期までの脳の障害が原因であるのに、重度の運動障害を伴っている以外は、乳児期に診断するのが難しい障害です。でも、少しでも早く見つけて診断し、早期介入することで生活上の問題は少なくできると思います。

図5（99頁）は私の長年の経験や、さまざまなデータから見えてきたことをまとめたものですが、初めは同じように見えても確定診断が難しいことを考慮して、障害の危険性があるとわかった時点で働きかけ、育てにくい赤ちゃんのもつ生活上の問題を解決することを目的に機能訓練を行うことで、できるだけ早期診断・早期治療に結びつけることが望ましいと考えます。

●高機能自閉症児の乳幼児期早期の気になる症状

6歳以上で高機能自閉症と診断されて聖ヨゼフ整肢園に作業療法のために通っていた子どものうち、運動の遅れなどで乳児期に紹介されてきた子どものカルテに書かれていた症状やお母さんの訴えをあげてみます（97頁、98頁）。一人の赤ちゃんがいくつかの項目を示しています。

赤ちゃんの姿勢

脳性麻痺も発達障害も新生児期までの脳の障害が原因であるのに、重度の運動障害を伴っている以外は、乳児期に診断するのが難しい。

てんかん

学習障害

正常範囲

軽度知的障害

アテトーゼ型（バニーホップまで）

アテトーゼ型

姿勢運動に関するもの――乳児期

・直そうとしても直らない頑固な向き癖。
・泣き方が弱々しい。
・股関節の開きが固い。
・反り返って抱きにくい。
・からだが柔らかくて抱きにくい。
・おっぱいを飲みながらどんどん反っていくので飲めない。
・飲むのが下手で吐きやすいため体重増加不良。
・抱いていても抱きつかないので落としそうになる。
・抱いていてもバギーに座っていても、いつも一方へ傾く。
・一方のみコロコロ寝返り。一方のみピボット。
・座らせると後ろへ倒れる。
・片足の尖足が目立つ。
・左右の頭をいちいち床につけながら這う。
・片足がいつも伸展して這う。
・座ったままグルグルまわる。
・いざり這いする。
・立ち上がりでなく、つかまり立ちから歩きだす。

姿勢運動に関するもの――幼児期

・数メートル歩くと跛行《はこう》（外傷、奇形などによって正常な歩行ができない状態）になる。
・自分の足につまずいてこける。
・両手をあげてバランスをとり両足を開いて歩く期間が長い。
・O脚傾向・内反歩行。
・つかまり立ちから座るときゆっくり座れない。
・扁平足で足底板（くつの中敷き）が必要。
・疲れやすく転びやすい。

愛着に関するもの

・人よりもおもちゃに興味をもつ。
・お母さんがおいでと手を出しても手を出して抱かれに行かない。
・一度泣くと泣き止まず立ち直りが遅い。
・這えるようになってからも、泣いたときお母さんの方へ行かず、その場で突っ伏したまま泣いている。頭突きをする。頭をひっかく。
・お母さんの方へ行っても膝で止まるか、膝に立ち上がり、顔がお母さんの胸に触れることを嫌がる（感覚防衛？　母だけ?）。
・いつもお母さんの背中から抱きつく。
・いつもお母さんの膝に座る。
・乳児期〜1歳半ころ、マネ・指差しはある児も多い・視線も割に合っていると母は言うが？?？

一方的要求・こだわりなど

・いつも同じ側に同じ向きで抱かれたがる。
・興奮すると大きすぎる声（奇声）を出す。
・怒られると余計、要求・こだわりが強くなる。
・自分流にやりたい気持ちが強い。
・手を添えてさせようとすると嫌がる。
・要求が通らないと自分の手を噛む。
・午睡はお母さんにおんぶしてもらわないと寝ない。
・お母さんに立ち上がって抱くよう要求し、座ると怒る。
・四つ這い・座位ができるころから多動・不注意が目立ち出す。
・食べ物やおもちゃを投げる。
・なかなか食べない。
・極端な好き嫌いがある（麺しか食べないなど）。

●子育て体操

乳児期の体操

さまざまな経験から、赤ちゃんとお母さんの気持ちを考えて、赤ちゃんに働きかける「育児体操」を30年前に考案しました。その後、少しずつ進化していますが、基本的な考え方は変わりません。図6が柱になっています。

よい姿勢は脊柱がまっすぐ

姿勢が悪い部分は機能が悪く・運動発達が遅れやすく・病気になりやすく・疲れやすい。その結果、こころの負担になりやすいわけです。

赤ちゃんの姿勢運動発達学的に理想的

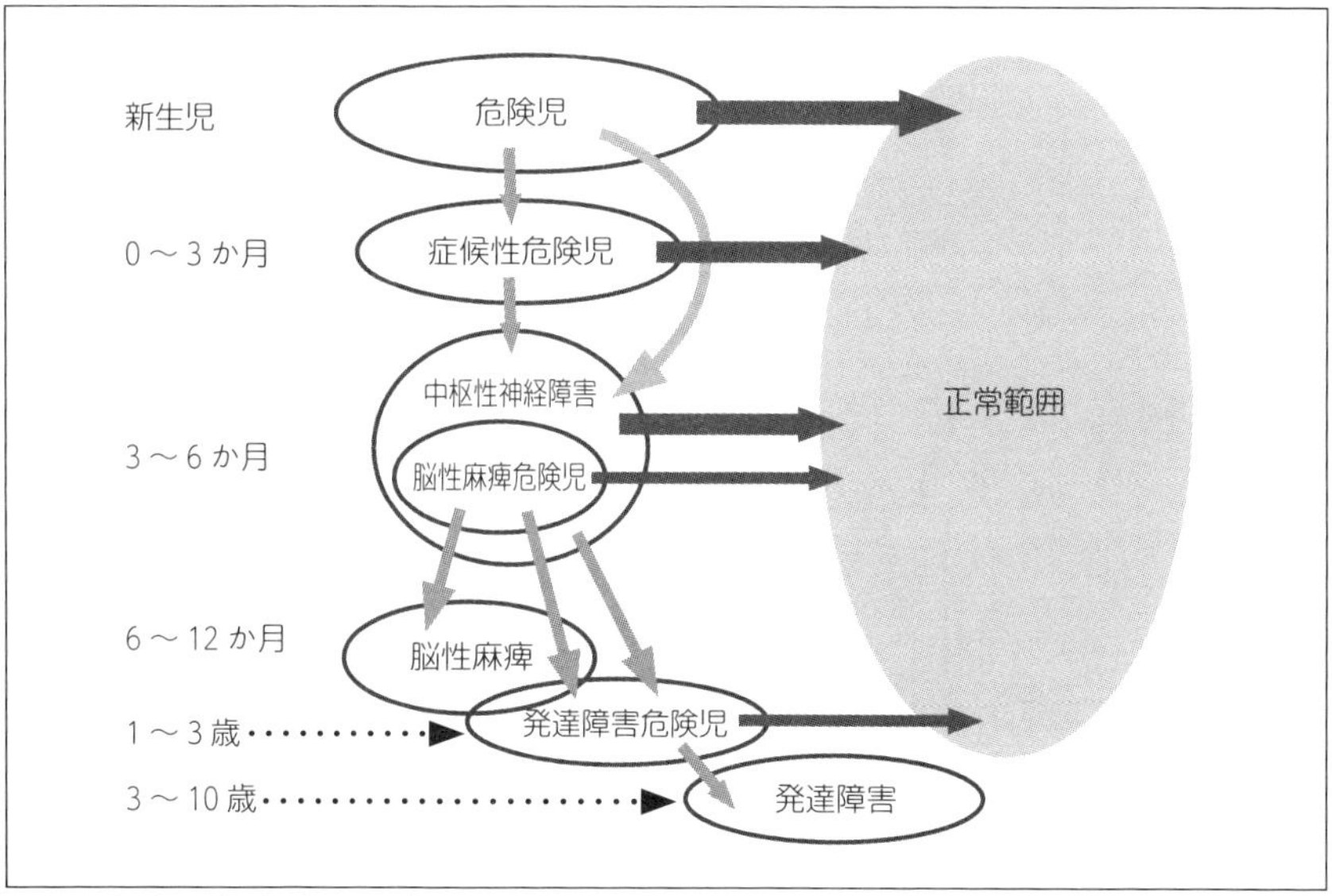

図5　軽度脳性麻痺と発達障害の関係

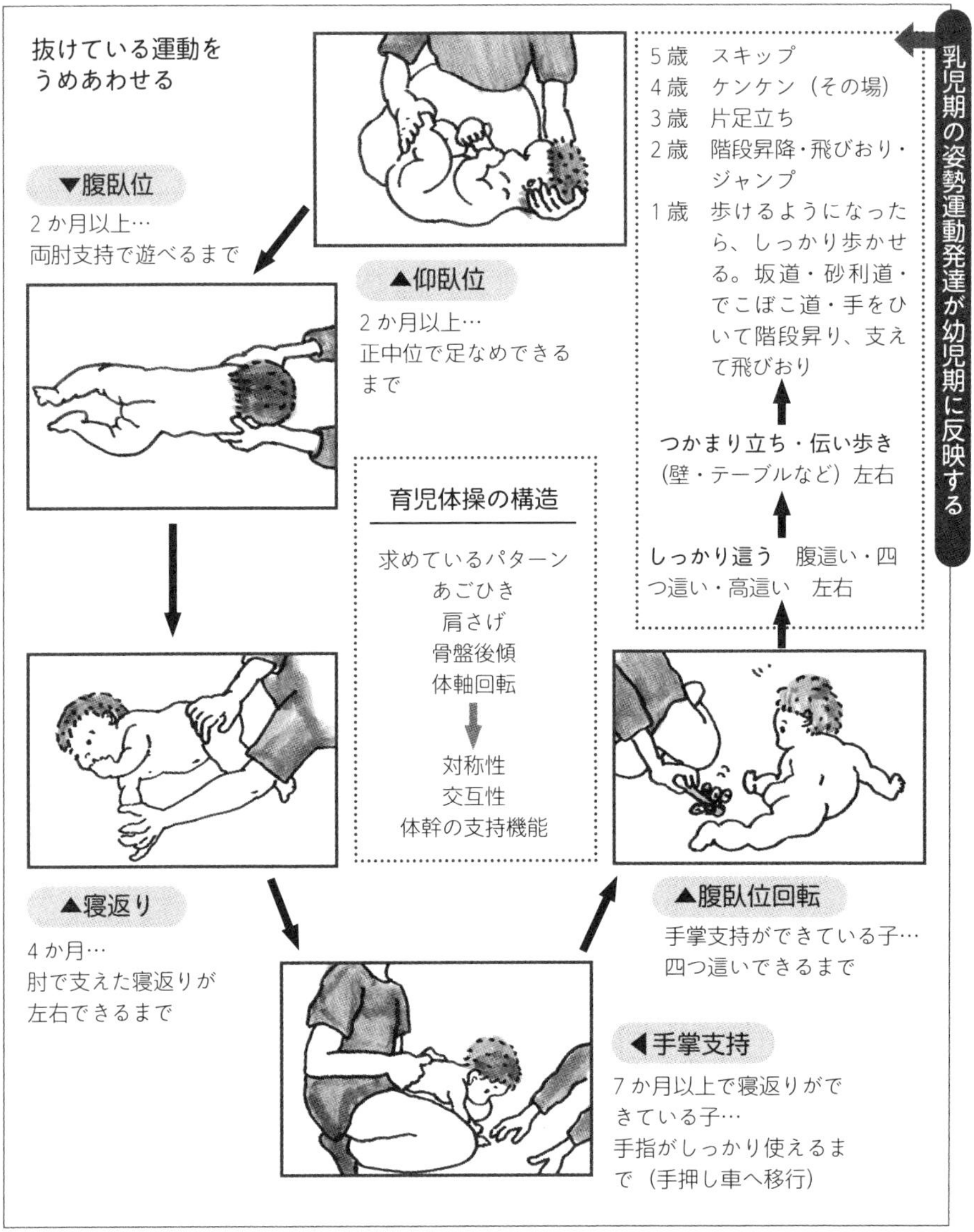

図6　子育て体操　　（『子どもの姿勢運動発達』家森百合子、ミネルヴァ書房、1985年を改変）

と思われる発達の順序（図1・6）から見て逆転・飛び越し・非対称のある発達を見つけ、うめあわせていきます。

幼児期の体操

幼児期にも運動の遅れのみならず、非対称や協調運動障害、口腔機能や手指機能に問題のある子どもを対象にします（図8・9・10）。

親子で目と目を合わせる
お母さんの指で子どもの口角に触れる
舌を左右に動かす

図7　子育て体操―向かい合わせで

こんな子に

- 歩くときに上肢の振り方が違う子
- ころんでも手が出ない子
- 筆圧の弱い子・野菜など噛めない子（顎の力が弱い）
- 鼻炎・中耳炎・扁桃腺・アデノイド・喘息になりやすい子
- カゼをひきやすい・長引きやすい子
- 利き手が決まらない子
- 両手協調運動（鉄棒・雲梯・縄跳び・跳び箱など）が下手な子

↓

手押し車

図8　幼児の上肢の基本体操

こんな子に

- 歩き方や走り方が非対称の子
- よくころぶ・よくつまずく子
- 3～4歳でもじっと座って
  おれない子
- 持久力がない子

↓

①階段昇り　左右
②飛び降り
（ちいさくなってピョン）
③片足立ち（後ろで支えて）左右
④机で支えてケンケン　左右
⑤その場ケンケン　左右
⑥タオルケンケン　左右
⑦スキップ
（ケンケンを2回で止める練習）

重ねて3～10センチの高さにしたタオルを飛び越える

図10　幼児の下肢の基本体操

こんな子に

- 不器用な子
- 鉛筆やお箸の持ち方を教える前に

↓

①指立て（1本・2本・3本・小指・きつね）
②手指対立　左右
③連続手指対立左右同時
④指折り　左右
⑤連続指折り　左右同時

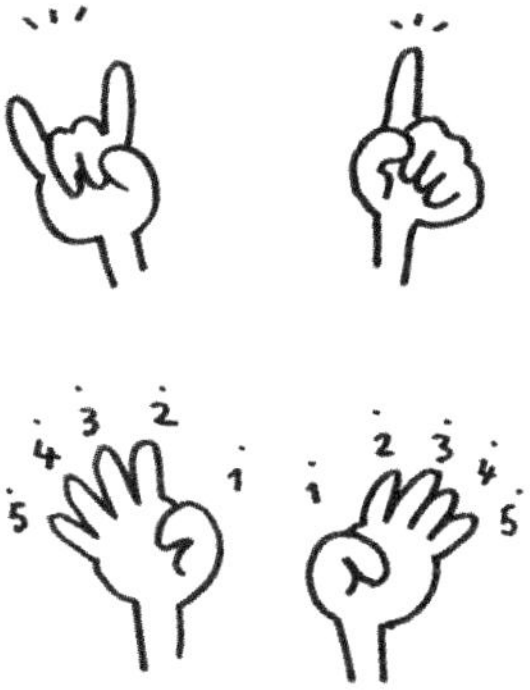

しっかり目で手の形を見て両手同時に
1、2、3と声に出して数える

図9　幼児の手指の基本体操

2 コミュニケーションのちから

コミュニケーションとは、ひと言で言うと、人と人とが互いの気持ちや感情・考えなどを伝えあうことで、身振り・手振りを含め言葉や文字をその手段として使います。視覚や聴覚に訴える方法もあり、言葉のない時期の赤ちゃんの場合は表情や泣き声・抱きつく姿などでも表現できます。

●コミュニケーションの発達 ①

コミュニケーションの発達にとって、最も大切な要素は、お母さんへの愛着が確立することです。次に1歳半ころまでに発達するコミュニケーション能力について述べます。

愛着形成と姿勢

2か月にもなると、笑顔で話しかけると笑顔が返ってきます。マネはコミュニケーションの始まりです。このことが人の顔の表情を読めるようになる前提です。視線はしっかり合います。おもちゃよりも人の顔に興味をもちます。生後3～4か月にもなると、何か要求があって泣いても、お母さんに抱かれると、ピタッと泣き止むことができます。特に、仰向けで両手を合わせて遊べたり、うつぶせで両肘で支えて遊べる赤ちゃんは、お母さんの胸に頭を付けて上手に抱かれることができ、安心しやすいのです。そんな赤ちゃんだと、お母さんの方も自分にピッタリくっついて泣き止んでくれる赤ちゃんが、それ以前にも増して、かわいいと思えるようになるのです。このようにしてお母さんと赤ちゃんの相互の愛着関係が育っていきます。

逆に、頭や胸が反り返りやすく肘も後ろへ引き込みやすい赤ちゃんは、安心しにくく、抱かれても泣き続けたり、夜も寝付きにくく、お母さんの育児疲れの大きな原因になります。お母さんの中には、この子は私のことを嫌いなのではないかと、ひそかに思いながら、しっくり行かない関係に悩んでおられることもあります。4か月健診を担当する保健師さんやお医者さんは必ず、お母さんに「泣いていても抱けばピタッと泣きやみますか?」と尋ねてあげてほしいと思っています。できない場合は、両方の肘で支えたうつぶせ姿勢を練習させてあげましょう（図6・子育て体操　100頁参照）。お母さんのからだにピッタリ添えるからだになるにしたがって、家族みんなからかわいがられるようにもなります。

安心の基地

5〜6か月になって寝返りができたり、7〜8か月になって這い這いができるようになると、失敗も多くなります。自分で動けない時期には、「おなかがすいたよう」「ねむいよう」「あそんでほしいよう」と泣いてお母さんを呼んで、お母さんに抱き上げられて思いが伝わり、ホッとできた経験を毎日積み重ねていた赤ちゃんは、自分で動けるようになると、失敗したりお母さんの姿が見えなくなって不安になった時、その場で泣いてお母さんを呼ぶのでなく、「安心の基地」であるお母さんの方へ自分から這って行きます。これがいわゆる〝後追《あとお》い〟です。

つまり、自分の力で安心を勝ち取る力が育ったのです。赤ちゃんは、どんなに不安になることがあっても、お母さんさえいれば安心と認識できるようになったのです。これで、お母さんの安心の基地としての役割は完成です。8〜9か月になっても這い這いできない赤ちゃんもよく夜泣きしますが、日中にしっかり動いて疲れ切ってないだけでなく、自分で安心を勝ち取る力の弱さのために、不安になりやすいことが関係しているのではないかと思います。

人見知り

人見知りはお母さんとの愛着関係が育っていることの証拠であり、今まで出会ったことのある人とそうでない人の顔を見分ける力の育ちを意味します。イナイイナイバー遊びも、記憶した顔がいったん消えてまた出てくるのがわかって楽しめる、この時期のコミュニケーション遊びの一種です。それまでに出会って、自分を受け入れてくれた人の数が多い赤ちゃんほど、人見知りの症状は軽く、お母さんと二人っきりの生活だったり、お母さんが精神的に不安定だったりすると、知らない人に対する不安は強く表れることがあります。

遊びのマネ

6～7か月くらいになるとタイコを叩くマネをしたり、マンマンマンなど発音のマネもするようになっていきます。ひょうきんなお兄ちゃんがいろいろな顔をして見せると、マネし合ってケラケラ笑うこともあります。単純にマネするだけでなく、マネしている自分を周囲が認めてくれるのがうれしく、自分でも得意になっているようです。特に好きな人のマネをよくします。そろそろ人見知りも出るころで、よく遊んでくれる人とそうでない人を見分ける力も育っています。赤ちゃんがすることをこちらもマネしてあげる「マネッコ遊び」もおすすめです。

赤ちゃんのおもちゃより、お母さんの持ち物が好き

8～9か月になるころ、おもちゃに対する大きな変化が現れます。おもちゃとして与えら

れたものより、カギ・ケイタイデンワ・トケイなど、お父さんやお母さんの持っているもの、特にキラキラして光るものの方に興味をもちます。これも一種のマネですね。這い這いやつかまり立ちができ始め、床に置いたものより机の上やソファの上など、自分の目線より高いところにあるものに興味をもち、高いところに上がりたい気持ちでどんどん上へ上へと向かいます。これも、まわりに歩いている子どもたちがいるほど多くの刺激を受けます。

1歳を過ぎて歩けるようになるころ、いろいろな道具の使い方を知りたがります。おもちゃもスイッチがあるものなど、かなり複雑なものがありますが、高価なおもちゃは、すぐに飽きてしまうことも多く、それよりお母さんが家事をする横に行きたがり、お母さんの持つものが魅力的なおもちゃになる時期なのです。うっかり台所の引き出しを開けっ放しにしたまま、あわてて電話に出てしまったお母さんが、台所に戻ってみたら、砂糖や粉の入れ物を開けて、そこら中に、まき散らして悦に入っているわが子を発見するのもこの時期です。

言葉のマネ

4か月ではアッハハと声を出して笑い始め、5か月ではキャーキャー大きな声を出せるようになりますが、6~7か月以後になるとマンマンマンやナンナンナン・パッパッパ・ダッダッダなど喃語が盛んになります。1歳前後に有意語が出る前には、いろいろな音を混ぜ合わせて「何て言ったの?」と聞きたくなるような世界語(宇宙語?)をしゃべります。これは単なる発声でなく、完全にしゃべっているつもりのマネです。赤ちゃんの自発語としては、まだ十分な言葉がなくとも、「おいで」「マンマしよう」「ネンネしよう」「チョウダイ」など身振り手振りに言葉を添えて話しかけることを多くすると、赤ちゃんは言葉の意味をどんどん理解し、1歳前後には次第に言葉となっていきます。1歳半にもなると「これポイしてきて」「お片付けして」などの簡単なお願いを理解できるようになるのです。

身振り・手振りのマネ遊び

9～10か月になって、お座りが安定すると、アババ・チョチチョチ・オツムテンテン・バンザイなど身振り手振りのマネ遊びができるようになります。はじめは言われればその動作ができるだけですが、イタダキマス・ゴチソウサマ・バイバイなど、状況に合わせて声をかけるように使うことができるようになっていきます。

指差し

9か月くらいの赤ちゃんは人差し指をビンの穴に突っ込んだりします。また、人差し指と親指の先端で小さなものをつまむ（釘抜きつまみ）など指先の動きがしっかりしてきます。その人差し指を使って、1歳前後には欲しいものを差してお母さんに自分の要求を伝えることができるようになっていきます。

1歳半ころまでに発達するコミュニケーション能力

このように、1歳までに、愛着形成・安心の基地・人見知り・マネ・指差しなど、コミュニケーション能力の基礎が育ち、1歳以後は言葉の理解が急速に進み、1歳半にもなると、「これポイしてきて」「お片付けして」などの簡単なお願いを理解できるようになるのです。自発語も個人差はありますが、名前も含めて10語くらいはしゃべります。

●コミュニケーションの発達②

自我の目ざめ＝禁止や否定がきらい

1歳半を越すと歩行もだんだんしっかりしてきて、長く立っていることもできるようになるため、お母さんが家事をしているそばに来て一緒に働きたがります。かなりじゃまですが、手を添えてテーブルの拭き方を教えたり、食後のお皿を流しに運ぶ仕事を手伝って「ありがとう」と言われるのが大好きです。ほめてくれる人の言うことをよくききます。2歳前後は自我も目ざめるので「○○してはダメ」など禁止や否定が大嫌いです。でも、ほめられることがわかっている肯定的命令は大好きです。誰がほめてくれるか、よく知っています。

二人羽織で生活習慣を学ぶ

毎日決まった生活習慣を手と言葉を添えて（二人羽織の状態で）教えると、きちんと覚える時期です。靴を脱いで揃えるように教えてほめると、毎回きちんと揃えてくれます。洋服の着脱もお母さんの膝に座らせて手と言葉を添えて教えると素直に応じてくれる時期で、3歳ころまでに一人で着脱できるようになります。

友だちとの競争

4歳以後には友達との競争が始まります。特に、運動の下手な子は自分はダメな子と思いやすく、自信がもてません。自分に自信がもてない子は、5点や10点の行動が多くなります。夜尿症が始まり、一度取れたはずの夜のオムツが、また必要になったり、運動会シーズンに登園しぶりが起こったりします。逆に、新しいことができるようになったり、わかるようになったり、運動が上手になったりすると、自信が出てきます。

自信ができると自己主張する

自信ができると集団の中でも自分が出せるようになれます。特に対等で気を使わずに自分を出せる友だちは好きで、よく遊びます。よく遊ぶため、ぶつかることも多く、ケンカも起こりますが、きょうだいのように仲直りもできます。つまり、友だちゲンカをするようになればば自分が出せるようになったことを意味し、仲直りできるようになれば、相手の気持ちも考えてがまんもし、折り合いをつけることができるようにもなったことを意味します。

きょうだいゲンカは仲直りの練習 思いやりの原点 仲良しの友だち同士も同じこと

ヤモリ先生の子育てキーワード

●コミュニケーション能力レベルと障害の重症度

正常発達の中で出てくる次の5つのコミュニケーション能力が、自閉性障害の重症度と関係していると思います。コミュニケーション能力に障害のある自閉症スペクトラム児の療育に関わる中で、そのように考えるようになりました。

1愛着関係ができているか

不安なときに、お母さんの胸に顔をつけて抱かれ、泣き止める。自分でお母さんの後追いをし、自分で安心の基地を手に入れることができる。これができていない時、自閉性障害は最も重症。

2マネが始まっているか

手に触れても嫌がらず、手に手と言葉を添えて一緒にして（二人羽織）生活習慣を教えることができる。お母さんの手を自分の手のように使う、クレーン現象が見られればこのレベル。お母さんに後ろから包まれて安心できるようになっている。

3信頼できる人を見つける力があるか

二人羽織でいろいろ教えてはほめていると、その人を信頼し何でもその人に頼みに来るようになり、保育園などで好きな先生を選ぶことができるようになる。

❹ほめられて自信をもつことができるか

思いきりわかりやすくほめられる必要はあるが、ほめられるとうれしそうに笑顔で応え、自分から進んで得意なことに取り組み、自分に自信をもてるようになる。自己肯定感の芽ばえ。

❺相手の立場を理解できるか

自信ができると自己主張し、気の合う友だちとケンカすることができ、仲直りができる。

●コミュニケーション障害がある場合の対応

自閉症スペクトラムなどコミュニケーション障害がある場合、①お母さんや保母さんに抱きつけるか？　②手を触れられても嫌がらないか？　③信頼のおける人を選べるか？　④自信をもってできること（ドヤ顔できること）があるか？　で配慮が違います。

①が通過していなければ抱きしめることから始め、

5つのコミュニケーション能力

❶愛着形成	自分で安心の基地を見つける（愛着関係の完成）
↓	
❷マネ	手に手と言葉を添えて一緒にする（二人羽織）
↓	
❸信頼できる人を見つける力	好きな人を選ぶことができる
↓	
❹ほめられて自信をもつ経験	自己肯定感の芽ばえ
↓	
❺相手の立場を理解する	自己主張し、ぶつかってケンカし、仲直りする

①が通過していれば二人羽織で、衣服の着脱・その他身の回りのこと、掃除・洗濯・料理などさまざまなことをていねいに教えほめるようにします。それによって信頼を得るようにして、子どもが自信をもてることを見つけて育てます。

すべての子どもにとって、育児の目標は自分で自分の「こころの安心の貯金通帳」に500点を入れることができる子どもに育てること、ひいては自己肯定感・自尊感情をもつ大人になるように育てることです。このことは障害があってもなくても同じです。

コミュニケーション障害をもつ子どもの場合、乳幼児期のできるだけ早期に疑い、病名で診断して働きかけ、人への愛着と信頼の感情をまず育てることです。信頼できる人を通じて自分の得意分野と出会い、自信をもって生きることができれば、相手の立場になれなくとも、人の表情が読めなくとも、信頼できる人を通じて理解者に出会うことが可能であると思います。

1 愛着形成

同じ診察室で10年以上、お母さんと子どもの位置関係を観察していて、次のようなことに気づきました。お母さんと赤ちゃんの間の愛着関係は、0歳から1歳半くらいまでの間に形成されることが大切と言われています。その愛着関係が、お母さんとの死別や生別によって、うまく形成されなかった人では、常に不安・さみしさ・孤独感に襲われることがあります。それは、愛着障害と呼ばれ、思春期以後から成人期にかけての精神障害の原因になっていることが指摘されています。最近では、乳幼児期の愛着形成の大切さが強調されるようになりました。

特に、早産で生まれ、保育器で長く過ごした赤ちゃんに対するカンガルーケア（赤ちゃんをお母さんの乳房の間に抱いて、裸の皮膚と皮膚をくっつけながら保育する方法）は現在では多くの新生児施設で実施されています。また、抱っこは子育ての妙薬で、子育てで困ったときは抱っこを多くすることでたいていは解決する特効薬のようなものですが、なかなかうまくいかない子どももいます。

●抱っこだけでいいの？

それでは、いつでも抱っこだけでよいのでしょうか？　抱き癖がつくからと、あえて抱かないのは問題ですが、泣かないように泣かないようにと、家族が順番に抱き続けてきたという赤ちゃんに会ったことがありますが、赤ちゃんの表情の変化が明らかでなく、お母さんも赤ちゃんの気持ちがわからないようでした。

言葉が話せない赤ちゃんにとって泣くことは言葉の代わりです。「おなかがすいたよー」「ねむいよー」「おむつがぬれたよー」と泣くうちに、6か月くらいになると、泣き方の抑揚やリズムがそれぞれ微妙に変わってきます。一緒に生活していると、たいてい時間でわかるようになります。しっかり泣いてしっかり自己主張できる子は、気持ちのよいときの笑顔もはっきりしています。大切なのは、しっかり泣くことで自己主張して思いを伝え、思いが伝わったときホッとして泣き止むことです。

●抱かれただけでは安心できない子

子どもを抱くことの大切さは、テレビや新聞のコマーシャルでも取り上げられているように、今や衆目の一致するところです。ところが、お母さんに抱かれているのに、お母さんのおっぱい（10点）をなめないと眠れない子、お母さんの髪の毛（10点）や耳たぶ（10点）に触れないと眠れない子がいます。この子たちにとってお母さんは100点ではなく、マイナス10点で90点かもしれません。

また、お母さんに抱かれていても、タオル（10点）やお母さんのブラジャー（10点）を離せない子や、指しゃぶり（5点）をやめられない子にとってもお母さんは100点ではありません。その分、不安になりやすい子どもです。このような子どもたちも抱くだけで安心できるように抱きしめる機会を多くすることで変化が見られます。

●診察室での抱かれ方で見る子どものこころの安心の通帳の満たされ程度

同じ診察室で10年以上、お母さんと子どもの位置関係を観察していて気付いたことがあります。自閉症の子どもはお母さんとの関係が最悪の時には診察室にいることができず、外へ出たがります（＝マイナス１００点）。少し関係がよいと部屋の外には出ませんが、部屋中をウロウロ歩き回って、まるで危ないものがないか探し回っているかのように、あちこち触って回ります（＝お母さんがほめてもプラス30点）。

さらに関係がよいとお母さんの後ろにおもちゃを持って来て遊びます。時々お母さんの背中に抱きつきます。でも、お母さんの視野の中には入れません。ここまでくると、迷子になりそうになってもお母さんが呼べば、自分で探しに来ます（＝プラス70点）。

もっと関係がよいとお母さんに背中を向けて膝に座ります。視野の中には入れるので、お母さんの前におもちゃを持って来て遊べます。でも、お母さんに面と向かって抱きつくことはできません。このころから、オウム返し言葉が多くなります。オウム返し言葉は発音のマネですが、お母さんの手を自分の手の代わりに使うような、クレーン現象も多くなるころでもあります。これも二人羽織的な使い方です。反面、お母さんへの要求も強くなるため、パニック症状が目立ちます（＝プラス80点）。

その次はお母さんの方に向くことができますが、泣いてお母さんにくっつきに来ても膝に頭を埋めたり、お母さんの膝の上に立って、お母さんの頭の上や横に自分の頭を持って来ようとします。お母さんの胸に顔を埋めることはまだできません。この時期には、たとえ抱かれても指しゃぶりしていたり、タオルを持っていないと不安という状態が見られます。しかし、オウム返しでない簡単な言葉が出始めるのはこのころです（＝プラス90点）。

お母さんの胸に自分から顔を埋めて眠れるようになったら（＝プラス１００点）目標達成です。お母さんとの愛着関係がよくなり、気持ちが通じやすくなります。ここまで来ると、保育園や幼稚園に迎えに行ったとき、お母さんを目がけて飛んでくるようにもなります。

●抱きつきたいのに抱きつけない子、抱かれたいのに抱かれるのを嫌がる子

お母さんとの関係がよくなった自閉症児は、お母さんに抱かれても嫌がりません。ところが、抱かれるどころか、お母さんに触れられることすら嫌がる子もいます。しかし、「できないことは誰よりもしたいこと」です。例えば、歩けない子は誰よりも歩きたい。見えない子は見えるようになった時、聞こえない子は聞こえるようになった時、誰よりも喜びます。同じように、人と付き合えない子もお母さんに抱きつけない子も本当は誰よりもそのことができるようになりたいと思っている子と考えた方がよいと思います。それで、私は、初め嫌がったとしても、毎日抱きしめる練習を繰り返すことをすすめています。ただ抱くのでなく、抱き上げるのでな

く、向かい合わせでしっかりと抱きしめるのです。

●抱くのでなく、抱き上げるのでなく、抱きしめる

背中の皮膚の表面を不意に軽く触れられたとき誰でも気持ちが悪く、あるいはくすぐったくて、逃げようとします。むしろ、しっかり圧を加えられた方がわかりやすいものです。皮膚の識別能力が明瞭でない赤ちゃんは、顔や手足を触れられることを嫌がります。そんな場合、抱きしめて骨の髄を締め付ける方がわかりやすいようです。皮膚の表面は抱かれたくないのに、こころと骨の髄は抱かれたいようです。

また、こだわりの強い子どもは、抱いたら必ずお母さんに立ち上がることを要求することがあります。それでは少し大きくなったら抱くことができなくなるので、抱きしめるときには必ず床に座って、面と向かう形で胸と胸を合わせて抱きしめることをおすすめします。

お母さんに抱かれることを嫌がる子どもがいる一方で、常にお母さんにくっついて離れられない子どもがいます。なんとなく不安でくっついているように見えますが、思いっきり抱きしめてあげると、かえって上手に自分から離れることができます。いわゆる分離不安の状態で、お母さんに対する愛着の度合いが強いわけではありません。抱かれるのが嫌な子どもも、常にお母さんにくっついて離れられない子どもも、ただふわっと抱くのでなく、抱き上

げるのでなく、子どもの耳をお母さんの胸にくっつけて、お母さんの心臓の鼓動や呼吸の音、お母さんの声を聞かせながら、抱きしめる練習をします。

●まず、抱きしめる練習

毎日毎日抱きしめる練習をしていると、初め抱かれるのを嫌がっていた子どもも、2週間から3か月ぐらいたつにつれ、だんだんお母さんの胸の中でゆったり力を抜くようになってきます。この時期になると、子どもは日頃から何ということもなく、お母さんにベタベタするようになります。お母さんに抱きつくと、お母さんから100点をもらえることがわかってきたのです。ここまで来るととてもやりやすくなります。

ただ、家庭では抱きつけても初めての場所や大勢の集団の中ではできない時期がありますので、さらに毎日抱しめる練習を続けてもらいます。初めての場所ではお母さんにくっついて様子をうかがい、安心であることがわかれば離れることができるのが普通ですから、家庭にいればお母さんにくっつくことができるのに、初めての場所ではお母さんにくっつけないというのは、まだ普通ではありません。

●お母さんが怒った後やイライラしている時は抱かれたくない

眠る前にお母さんに抱かれて寝つくのが一番ハードルが高いのですが、これができると、日中の落ち着きがよくなり、安定しやすいと聞いたあるお母さんが、毎日どうしても抱いて寝させようとがんばってしまって「ちゃんと抱っこして寝ないとダメ」と怒ってしまったら、ますます寝られなくなってしまいました。ちょっと考えたらわかることですが、一生懸命になるとゆっくり眠れないのです。抱っこで寝るためには「お母さんにくっつくと、あーいい気持ち」と思ってもらうことが大事ですから。

●虐待を受けて育ったお母さんは

また、お母さん自身が、子どものころに、自分の母親と死別や生別の経験をしていたり、親から虐待を受けていたりして、初めから子どもを好きになれない場合もあるかもしれません。そんなときはどうか自分を責めないでほしいのです。ギュー体験をしたり、添い寝体験をして、形から入っていくと、こころがほぐれてくることもあります。それも誰かに支えてもらいながら、少しずつ育ててゆくことで、愛着の気持ちが芽生えてくることも多いのです。それは今生きているすべての人は必ず胎児であった経験をもっているからで、そこへ戻ることだと考えています。

不十分な愛着

——娘をかわいいと思えない

弟の機能訓練

ナオ君が8か月のとき、低緊張性運動発達遅滞で私の外来に紹介されてきました。寝返りも這い這いもお座りもできませんでした。お母さんは一生懸命で毎日教えられた機能訓練を続け、ナオ君は1歳6か月には歩き始め、その他の発達も境界域ではありますが、大きな問題もなく、1歳10か月で機能訓練は終了し、後は経過観察となりました。

今日の診察は終わりというときになって、お母さんは、ナオ君のお姉ちゃんのことで相談に乗ってほしいことがあると言われ、別の日に改めて予約を取って帰られました。

姉がかわいいと思えない

お姉ちゃんは現在3歳半、弟が生まれたとき2歳になったばかりでした。

「いま、弟のことはかわいいと思えるのですが、お姉ちゃんのことをかわいいと思えないのです。ずっと違和感があり、何か自分に欠陥があるのではないかと、ずっと悩んでいたのです。でも弟のことはかわいいと思えるので、もしかしてお姉ちゃん自身に問題があるのかもしれないと思い始めたのです」

お母さんは助産婦として育児指導もしています。でも、人の指導をしながらいつも、そんな自分が育児指導をしていていいものかと思い悩んでいたのだそうです。お姉ちゃんのときは、つわりもひどく妊娠中毒症もあって大変だったこと。その上、産後の肥立ちも悪く、3か月くらいは岡山の実家で過ごしたこと。職場からは、人手が足らないため早く戻って来てほしいと言われていたのもあって、4か月から保育園に預けて仕事に復帰したこと。それでもからだのしんどさと闘いながら、お姉ちゃんが1歳のころには、体調は戻ったことなど話されました。

上の子が2歳前後の時に下の子が生まれた場合

上の子が2歳ころに下の子が生まれた場合、上の子の赤ちゃん返りが著しくお母さんが上の子を扱い兼ねて、嫌いになることは、しばしばあることです。

「お姉ちゃんのことは初めからかわいくなかったのですか？　それとも弟ができてからですか？」

「ずっと何とも思わずこんなものだと思って育てていたのですが、弟をかわいいと思う気持ちに比して、何か淡泊なのです」

「お姉ちゃんはちょうど反抗期の時期だと思いますが、具体的には何か困ることはありますか？」

私は「こころの安心の貯金通帳」の話をして、お姉ちゃんに5点・10点の症状があるか尋ねました。

「そういえば、爪噛みがあります。本が好きで一人で本を読んでいます」

生後3か月まで祖母が主に育児し、4か月から日中は保育園。1歳ころまで体調が悪かったお母さんはお姉ちゃんとしっかりした愛着関係を育てきれていなかったのかもしれません。しかも2歳には弟が生まれ、お母さんは今回は育児休暇を取って弟の機能訓練に励みました。お姉ちゃんはそのまま保育園に通っていました。弟はお母さんと1対1で過ごす時間が多く、お母さんも強い意志を持って弟に対峙できたのでしょう。どちらかと言うと理性的で淡泊なお母さんに似たお姉ちゃんは激しくお母さんへの愛着を要求することなく、がまんしてしまう方を選んでしまったのでしょう。

「爪噛みをしたり、本を読んだりしているのは、何かをがまんしている姿と考えられます。異常というより、自分の思いを強く主張できない性質だと思います。今からでも遅くはないので、お姉ちゃんとスキンシップを多くしてみてください。添い寝もして、家事をお姉ちゃんと一緒にするなど、今までより1対1になる時間を意識的にとってみてください。そして、3か月後くらいに予約を取って連れて来てみてください」

お母さんが弟をかわいいと思うのは、もしかしたら、男の子と女の子の違いかもしれませんが、お姉ちゃんはあまり自己主張しない受け身で優しい性質の子なのでしょう。

寝る前の遊びと抱っこ、添い寝の効用

3か月後、お母さんはお姉ちゃんと二人で外来に来ました。お母さんの表情の明るさから、いい手応えがあったことが予測されました。

「楽しくなりました。お姉ちゃんは、一人でポツンとしていることの多かった子でしたが、何となく私のそばに来ることが増えました。言葉がずいぶん増えて、本を読んでもらいたがったり、いろいろ質問してくるようにもなりました。もし、弟のことがなかったら、こんなものだと何も気づかずに過ごしてしまったかもしれません。きょうだいゲンカもするようになりましたが、これが普通のことと思えます」

私はもう何も言う必要はありませんでした。

「これからは、育児指導のときにも、スキンシップを大切にして、赤ちゃんから自然に出てくる気持ちを感じられるように、お母さんたちに話したいと思います」

3か月前まで、何となく不安そうだったお母さんは、自信に満ちて見えました。

抱っこを拒否するヤスユキ君が抱っこされるようになって変わったこと

診察室に入れない

6歳のヤスユキ君は四日市から私の診察を受けるために京都に連れて来られました。ご家族はヤスユキ君を車で何時間もつれて動くことには不安もあり、新幹線のデッキで車窓を見せながら家族5人で取り囲んで連れて来られました。車内に入れると奇声を発して走り回る危険性があったからです。ヤスユキ君は診察室に入れません。エレベーターの前ならよいとのことで、そこでご家族から今までの状況を聞きました。騒音に驚いたり、嫌なことを押し付けられたり、触ることを禁止されたりすると、奇声をあげて走り回るため、常に追い掛け回され、からだを抑えられ静止され続けてきたのです。家庭でも抑え込むと力の限り暴れるため、家族も疲れ切っているとのことでした。

お母さん一人では抱けない

私はヤスユキ君の抱かれ方を見るためにお父さんとおじいちゃんにお願いして診察室に連れて行ってもらい、お母さんにマットの上に座ってもらって向かい合わせで抱くようにしてもらいました。案の定、ヤスユキ君は手で突っ張って、全身の力を入れてお母さんの胸から離れようとがんばります。私は、お母さんに抱かれることのできないヤスユキ君も、わが子に抱きついてもらえないお母さんも、本当に気の毒になり、向かい合わせに抱けるように、ヤスユキ君の手足を引っ張ってもらえるように、ご家族にお願いしました。ヤスユキ君は顔をお母さんの胸から離そうと必死でしたが、ヤスユキ君の耳をお母さんの胸に付けて抱きしめるようにお母さんに頼みました。

こころまでお母さんに抱かれたくない子どもはいない

私は、「お母さんに抱かれたくない子どもはいないこと」と「できないことは、本当は誰よりもしたいこと」をいろいろな例を挙げて説明し、ヤスユキ君は皮膚が抱かれたくないだけで、こころと骨の髄は抱かれたいはずで、これが解決することでヤスユキ君の日常が変わるはずと話し、しばらく家族で努力してほしいと話しました。お母さんには家族がおられる時だけ助けてもらって抱きしめる練習をしてもらうこと、何かあっても、できるだけすぐには追いかけず、まずは優しい声で名前を呼ぶようにしてもらうことを約束して、その日の診察を終了しました。

お母さん一人で抱けるようになった

3か月後、ヤスユキ君とお母さんは二人で来院されました。ヤスユキ君は診察室に入れただけでなく、イスにも座り、お母さんから話を聞いている間ずっとイスに座り続けていました。

「私がこうして手を握っていれば、どこへでも連れていけるようになりました」とお母さんの顔は晴れ晴れとしていました。

「家族に助けてもらいながら抱きしめ続けて2週間くらいの間は、ヤスユキも私から離れようとしてもがいていました。でもその後、10秒ずつくらい家族が手を放しても私一人で抱いていれるようになり、少しずつ時間を伸ばしていき、1か月くらいしたら、ずっと私一人で抱いていられるようになりました」

「二人で抱けるようになると、名前を呼べばヤスユキの方から私の方へ来るようになり、迷子にならなくなりました。今では名前を呼ばなくても、私を探しに来ます」

「今日も新幹線で座席に座ってこれるかもと思いましたが、少し自信がなかったので、デッキで手を握って連れて来ました」

「今では追い掛け回すことは全くありません。言葉は相変わらず話せませんが、人の言うことはだいたい理解できているのがわかります。私もヤスユキが何を感じ何を考えているかがだいたいわかるようになってきました」

お母さんからのその日の報告は、私にとっても期待をはるかに超えたことでした。私は、抱けるようになれば二人羽織で家事を教えることもできるはずなので、いろいろ教えてもらうように話し、お母さんは3か月後の予約を取って帰られました。

お手伝いもできる

「今日は新幹線で座席に座って来ました。手を握っている必要もありません。今では教えれば料理でも掃除でも洗濯でも一緒にできるのです」

「先日すごいことがあったのです。私が歯医者さんに行かねばならなかった時のことです。みんな忙しくヤスユキを預けることもできなかったので、連れて行きました。歯医者さんの待合室で待っていた時に、私がトイレに行きたくなり、ヤスユキに5分だけじっと座って待っているように言ってトイレに行きました。私がトイレから出てきた時に約束通り待っていただけでなく、目の前にヤスユキの好きなポテトチップスを食べていた女の子がいたのですが、じっと座っていたのです。以前ならポテトチップスの袋だけしか見えなかったので平気で取り上げて食べていました」

特別支援学級

「6か月前の就学指導では特別支援学校の話があったのですが、絵を画いたり、字も読めるようになってきたので、学校も特別支援学級で決まりました。これからどんなふうに育ってくれるかが楽しみです」

今後、学校で困ったトラブルが起こっても、どうしたらよいかを考えてあげて、お母さんとの約束で守れるようにすればよいということを伝えて、あとは地元でと、私の診察を終了しました。

抱きしめられることが与えた変化

ヤスユキ君の、この半年の大きな変化は、初め、あんなに抱かれることを嫌がっていても、本当は抱かれたかったということを証明してくれました。抱きしめることの大切さについて、多くの親御さんに確信をもって伝える根拠になりました。

視線が合わないカナちゃん

カナちゃんが笑った

おっぱいを飲まない・首がすわりにくい・視線が合わないなどの理由で紹介されて来た4か月のカナちゃんの診察をしていた時のことです。私は視線を合わせるためにカナちゃんの頭を支えて面と向かい、視線が合いやすいように20センチくらい離れた位置でにっこりしながら話しかけました。カナちゃんもにっこり笑い返してくれました。マネしやすいように「カナちゃん、コンニチワ」と声を出すと、「オクーン」と返してきます。そのままの姿勢で私が左右に少し動くと、視線もついてきたのです。

お母さんは、

「この子は今まで笑ったことがありません。何か私の仕方が悪かったのでしょうか？」

お母さんは恐らくこの子がおっぱいをなかなか飲んでくれないことが心配で、心配顔ばかり見せていたのではないでしょうか？　頭をきちんと支えて見やすい姿勢にしてあげれば、しっかり目を合わせることができますが、向き癖が強く反り返っているために普通では視線を合わせることができにくいのです。

私はお母さんに視線の合わせ方をお教えしました。舌の動きの左右差もあり、それがおっぱいを飲みにくい理由だったのです。その後は、姿勢をよくするための運動療法を習ってもらい、おっぱいを飲ませる前には、舌の左右への運動をしてから飲ませるようにしてもらいました。

2 マネ――二人羽織で生活習慣を学ぶ

前に述べたように、1歳までにコミュニケーション能力の基礎が育ち、1歳以後は言葉でのやり取りの時期となります。1歳半から2歳半は自我の目覚めの時期で、禁止や否定が大嫌いです。この時期後退はできないのです。前進あるのみです。したがってダメダメばかりを言う育児をしていると、好奇心の強い子ほどお母さんは大変になります。でも、「ありがとう」と言われたり、ほめられるのが大好きでほめてくれる人の言うことをよくきく時期でもあります。触ってはダメなものを触ってしまった時も、二人羽織で一緒に持って「これはお父さんのダイジだから、タナの上に置いてちょうだい」と抱き上げて、棚の上に置かせて「ありがとう。お父さん喜ぶよ」などと話し、お父さんが帰って来たときに、「この子が棚の上に置いてくれたのよ」と伝えてみてはどうでしょう。

お母さんに抱かれることができない自閉症スペクトラムの子どもでは、お母さんに手を触れられるのが嫌いです。しかし、抱かれることが平気になると、自分の方からお母さんの手を持って、自分の手の代わりに使うようになります（クレーン現象）。そのころになるとマネも多くなり、二人羽織で生活習慣を教えることもできます。言葉も少しずつ増えてきます。

●危なくて禁止すると否定と感じる

お母さんにしたらじゃまでじゃまで、ついテレビやビデオを見せておいたり、台所の入り口に仕切りをして近づけないようにしたりしやすい時期ですが、育児としては本当は大切ながまんのしどきなのです。このとき、お母さんが危ないと禁止すると、お母さんから否定されたと感じ、不安症状が出やすくなります。

障害がない子でも、2歳前後は自我も目覚め、自分ですることを自分で決めて自分でしたい気持ちが強い時期なので、キレやすい時期です。自閉症スペクトラムのため言葉の遅れのある子どもでは、特にその傾向が強くなります。些細なことで怒ってしまう子どもは、いつも何をしたいか言えないために、ずーっとがまんしていた可能性があります。

●お母さんの拒否をマネして「イヤイヤ」が多くなる

せっかくお母さんが大好きで、お母さんのそばにいたいのにじゃまだからと拒否を続けていると、子どもの方も拒否のマネをする可能性があります。拒否するのは本当に忙しいときだけにして、普段は、イスを持ってきてその上に立たせ、流しで水遊びをさせてあげるなど、お母さんと同じ空間にいさせてあげるのがおすすめです。水びたしになったら、後で一緒に拭けばいいのです。

どうしてもじゃまされたくないなら、昔のお母さんのようにオンブをして家事をするのもアリです。台所だけはどうしても無理というお母さんは、いつもいつも拒否をするのでなく、部屋に入るとき、スイッチを押して電気をつけさせてあげたり、家に入るときに一緒に手を添えてカギを開けさせてあげたり、家に上がるときに手を添えて一緒にクツを揃えたり、お風呂に入ったときに手を添えてタオルを石鹸でアワ立てるところやゴシゴシからだを洗うところをさせるなど、手を添えてさせてあげることを増やしてください。洋服も膝に座らせて手を添えて着せると遊んでもらっている気分でできるのです（110頁参照）。台所以外のところでもお母さんのすることをさせてもらえることで、拒否されているのではないと感じてくれると思います。

●二人羽織で生活習慣を学ぶ

自閉症スペクトラムの子どもでも、自分からお母さんに抱きつきに行けるようになると、十分ではありませんが、マネや言葉も出てくることが多いようです。お母さんに手を触れられることを嫌がらなくなると、二人羽織で生活習慣を教えることがしやすくなります。

食事の前には手を洗って、タオルで拭いて、タオルをタオル掛けに戻して……、朝起きたら歯を磨いて、顔を洗って、パジャマを着替えて……などいつも同じ順番でするように生活習慣を《構造化》します。大切なのは「できるところは自分で、できないところは二人羽織で」することと、「ジブンでできたね」とほめることです。

また、この時期には、「戸を閉めてちょうだい」と頼まれてほめられると開けておきたいときでも閉めてしまうなど、しゃくし定規な行動が多かったり、「○○してちょうだい」という肯定的命令は好きなのに、否定されることが大嫌いで、自分の言いたいことが通らないと人に噛みついたりするので、自閉症？　と疑われたりすることもあります。これらのことは健常児では2歳前後に出てきます。「○○してはダメ」など否定的命令をしないようにし、言いたいことを聞いてあげるようにすれば、障害がない子どもなら、自閉症かと思えた症状は消えていきます。

言うことをきかない子どもは
やる気のある子。
好奇心のかたまり。

●子どもは好きな人のマネをして育つ。マネをさせればしつけは簡単

特に、日中仕事をしていて、子どものそばにいられないお母さんは忙しいため、ついつい拒否した育児をしやすいので、要注意です。せっかく育ってきたお母さんへの愛着の気持ちを、ここで拒否してしまっては、育児拒否に近いものがあります。その後の育児をしにくくする道を選んだようなものです。2歳前後になって子どもから拒否されることが多くなることがあったら、次の言葉を思い出して修正してください。子どもとの付き合いがずっと楽しくなるはずです。

●切り替えがきかない子ども

2歳前後は自分の意志の強い子どもほど、切り替えがききません。そんな場合には「今すぐ片付けなさい！」とは言わないで、10分前くらいに「遊びが済んだらゴハンにするから、お片付けしてお手伝いしてね」と声をかけ、5分後また同じ調子で頼んでみてください。普段から二人羽織でお手伝いを導入し、「お手伝いしてくれてありがとう。お母さんはお手伝いしてくれる○○ちゃんがだーい好き」とほめておくと、ちょうどいい時間にお手伝いしに来てくれるでしょう。ほめてくれるお母さんが大好きだから。

子どもには
してあげるよりさせてあげる。
上手になったらしてもらう。

ヤモリ先生の
子育て
キーワード

大好きな虫を見つけると歩かなくなるヤッちゃん

ヤッちゃんは2歳半です。保育園でお散歩に出ても、虫がいるといちいち立ち止まります。トンボでもチョウチョでもそこで立ち止まって歩こうとしないのです。むりやり歩かせようとすると奇声に近い声で泣きわめきます。保育園の保育士さんから、あまりにもこだわりが強く、切り替えもきかないヤッちゃんが自閉症ではないか診てほしいと連絡がありました。

ダンゴムシ見つけた

保育園の散歩の時間に私も同行しました。今日はお母さんも一緒に来てもらいました。ヤッちゃんは保育園から5分も歩いていないところで、ダンゴムシを見つけて座り込みました。私はヤッちゃんがどうするか観察です。他の子どもたちには先に行ってもらいました。

「ヤッちゃんもみんなといっしょにお山へ行こう。お山にはチョウチョがいるよ」など誘いかけますが、モゾモゾ動くダンゴムシに見入ったままです。「ダンゴムシつかめる?」と聞くとヤッちゃんはダンゴムシに手を伸ばして触ろうとしましたが、なかなかつかめません。

二人羽織で追いかける

私は丸くなったダンゴムシをヤッちゃんの掌に持たせ、「あや先生に見せにいこう」と、ヤッちゃんを後ろから抱き上げて（二人羽織と同じで、ヤッちゃんは進行方向を見て進みます）、ヤッちゃんの代わりに「あや先生ダンゴムシ見て」と叫びながら、みんなの後を追いました。途中から「自分で歩きね」とヤッちゃんを道に降ろし、「あや先生ダンゴムシ見て」と叫び続けて、やっとみんなに追いつきました。

ヤッちゃんはヒーロー

あや先生は目を丸くして「すごい！　ダンゴムシや。みんな見て見て、ヤッちゃんがダンゴムシ捕まえてきてくれたよー」

今日の散歩ではダンゴムシのおかげで、ヤッちゃんはダンゴムシを見つけたヒーローになり、奇声をあげずにすみました。

妹が生まれておかしくなったリョウタ君
――ウンチを壁に塗りたくる

リョウタ君は6歳です。自閉症の診断を受けて4歳から療育に通っていて、お母さんとの関係もよくなってきていました。ところが、妹が生まれてから困ったことが起きました。お母さんが妹の世話を始めるとリョウタ君は2階に上がってウンチをし、壁に塗りたくります。お母さんはとんで行ってやめさせようとするのですが、どうしてもやめさせることができません。

「どうしたらいいのでしょうか？」とお母さんはすっかり疲れ切った様子です。

こういった相談を受けた時、多くの場合、私は診察室で子どもがお母さんのそばや前に来ることがあるかどうかを観察します。初めての場所は多くの子どもにとって不安な場所のはずですので、自分の家にいるときよりは不安症状が強く出るはずです。リョウタ君は診察室に入るとすぐおもちゃを見つけて遊びだしています。こうした場合、まず

「リョウタ君は普段お母さんに抱きつきに来ることはありますか？」とか、

「抱きしめても嫌がりませんか？」とか

「手を触れてもだいじょうぶですか？」と尋ねます。そして

「このマットの上にお母さんが座って、向かい合わせでしっかり抱きしめてみてください」

とお願いをします。リョウタ君は座っているお母さんの膝にまたがるようにして座りお母さんに抱かれることができました。

悪いことをしてお母さんの気を引こうとする

私はリョウタ君のお母さんに「こころの安心の貯金通帳」の話をし、ウンチを壁に塗りたく

るのはとても困った行動ですが、その他にも、お母さんが忙しい時に机の上のものを全部落としたり、本箱をひっくり返したり、石や木を食べたり、高い所へ登ったり、すべてお母さんに抱きつきに行けない子どもが、お母さんに来てほしい時に行う行動です。お母さんにくっつく代わりの方法という意味で5点や10点の行動と同じであることを説明しました。

リョウタ君は妹にお母さんを取られたと感じていますが、他の子がするように、お母さんと妹の間に割り込んでお母さん争奪戦をすることができません。そこで、何とかお母さんを自分の方へ引き寄せようとして、ある日2階へ上がってウンチを壁に塗りたくったところ、お母さんがとんできたのです。リョウタ君はお母さんを妹から離すにはこのやり方がよいと学習してしまっただけなのです。見方を変えれば、お母さんとの愛着関係が育っていたからこその行動ともいえるでしょう。

二人羽織でオムツ換え

リョウタ君の場合は向かい合わせで抱しめることができていたので、妹の世話をする前にリョウタ君を抱いて「これからオムツ換えをするから手伝ってね」と話し、リョウタ君の後ろから二人羽織のようにしてリョウタ君の手にお母さんの手を添えて、妹のオムツを換えるようにしてもらいました。

その日からリョウタ君はウンチを塗りたくることはしなくなりました。この状態ではリョウタ君は妹よりお母さんの近くにいるのです。リョウタ君は大満足です。この二人羽織・黒子大作戦はお母さんと子どもが一心同体になった状態で、これができる段階に入るとあらゆる生活習慣をこれで教えることができるようになります。

下の子が生まれた時に応用できる一心同体作戦

この黒子大作戦を別名一心同体作戦と呼んでいます。下の子が生まれた時に上の子に見られる赤ちゃんがえりや、困った行動も同じことが応用できます。下の子をいじめて困る時にも同じです。自分をもっと大切にしてほしい。忘れないでほしいという小さいお兄ちゃんやお姉ちゃんの必死な思いですから。

3 信頼できる人を見つける　4 ほめられて自信をもつ

お母さんとの愛着関係も育ち、いろいろなことを二人羽織で教えてもらっているうちに、いつもていねいに教えてくれてほめてくれる人がわかるようになります。このころになると、保育園でも、いつもやさしくしてくれる先生を選びます。その先生をお母さん代わりにして、不安になってもその先生に抱かれれば落ち着けます。その人がいれば、いつか必ずできるようになれることがわかってくると、安心していろいろなことに、自信をもって挑戦できるようになれます。信頼できる人の存在が自信につながっていきます。

自信をもてるということは「こころの安心の貯金通帳」に自分で500点を入れることができることを意味し、自己肯定感につながります。幼児期に自己肯定感をもてることは、一生の潜在意識として自分を好きでいられるための大切な体験なのです。自閉症スペクトラム児にも、できるだけ幼児期にその経験をさせてあげたいものです。

●簡単なお手伝いは幼児期前半まで

「ちょっと○○取ってきて」「戸を閉めて」などの簡単なお手伝いは、1歳半から2歳半、せいぜい3歳までです。幼児期後半に簡単なお手伝いを頼むと、反抗期も手伝って「イヤ」と言われてしまうでしょう。新しいことをどんどん吸収したい意欲的な子どもほど、簡単にできることより、難しいことに挑戦したがるのです。

●好奇心のお手伝いはじゃまでもある

幼児は好奇心でお手伝いをします。しかし、幼児期は、まだお手伝いを決して義務にはしない方がよいと思います。義務にするとお手伝いが嫌いになってしまいます。義務のお手伝いは小学校に入って、役割として《掃除当番》《給食当番》などをさせてもらうようになってから、家庭でも取り入れるのがよいと思います。また、お手伝いといっても、3歳以上のお手伝いは少し難しいことをしたいので、実際にはお母さんにとってはまだまだじゃまです。本当の意味でお手伝いにはなっていません。ちょっと大人になった気分にさせてあげるのが大切です。

●お母さんから大切にされていると思えること

お手伝いは自分はお母さんから大切にされていると感じさせるには最高の手段です。お母さんの仕事の仕方や考え方が子どもの中に自然に入っていくのです。お皿の洗い方でも、洗濯物のたたみ方でも、また、どのお肉を買うか、どんな野菜の切り方か、どんな味付けをするかなど、お母さんがこだわっていることがあったら教え時です。二人だけの内緒の話も大好きです。このようにして、自分を大切にしてくれる人を信頼する気持ちが育ちます。

幼児のお手伝いは好奇心
好きな人のじゃまをする

ヤモリ先生の
子育て
キーワード

“お母さん”であることを楽しむトモちゃんのお母さん

トモちゃんは5歳です。お母さんが台所でゴトゴトさせると自分のエプロンをつけてお母さんの横でおじゃまむしをします。お母さんがお料理をするのをじっと見ているのが大好きです。お母さんは時々トモちゃんにも切ったり混ぜたりさせてくれます。

お母さんと二人っきりの日曜日

今日は日曜日で、お兄ちゃんとお父さんはサッカーの試合を見に行くことになっているので、トモちゃんとお母さんはお留守番です。それで、お母さんと二人でカレーライス作りをすることに1週間前から決めていました。

買物から始めて、ゴハンの炊き方も初めから終わりまで全部させてもらう予定です。トモちゃんは朝からワクワクして待っています。お母さんが洗濯するときにも手伝わせてもらいました。

メモを書く

「何を買うかノートに書いていくからね」とお母さん。

トモちゃんは最近少しずつ字が書けるようになってきていたので、

「トモちゃんが書く」と言いました。

ニンジンとジャガイモはあるけれど、玉ねぎがなくなっていました。

トモちゃんは「たまねぎ」と書きました。

「それから、牛肉も買わんとね。ルーも買っておくね。甘口にするよ……。今日はえりんぎとトモちゃんの好きなカボチャも入れて、グリンピースで色をきれいにしようかな」

「サラダもつけようね。キュウリと長いも」とお母さん。

「ちっちゃいトマトも」とトモちゃん。

結局、《たまねぎ・ぎゅうにく・るー（あまくち）・えんりぎ・かぼちゃ・ぐりんぴーす・きゅうり・ながいも・ぷちとまと》と書いたメモ紙を持って、買物です。

お母さんはエコバッグとハンドバッグを持ち、トモちゃんも自分のお買物バッグを持ちました。早目のお昼ごはんを済ませてスーパーに向かいます。

お買物

お母さんは、

「玉ねぎとえんりぎとプチトマトとカボチャはトモちゃんがショッピングカートの下のカゴに入れてね」と頼み、メモ紙に◯をしました。

「カボチャは重いから半分のにしてね」

レジでお金を払うのも今日はトモちゃんにさせてくれました。

プチトマトとえんりぎとルーはトモちゃんのバッグに入れてもらい、お家に帰りました。家に帰って、おやつを食べて、ちょっとだけ一服して夕食作りです。

ごはんを炊く

まずお米を5合炊きます。今日は初めから終わりまで全部させてもらいます。炊飯器の内釜に「1合2合…5合」と声を出してお米を入れます。ここまでは今までにもしたことがあるので簡単です。一人でしました。

次はお米を洗うところです。まず、汚れを流すためにザッと1回洗います。でも水とお米の入ったお釜は、Yちゃんには重すぎます。お母さんが両手を添えてくれました。その上、水を流す時にお米がこぼれてもいいように、お母さんは流しにザルを置いてくれました。そのあとゴシゴシ研ぎます。お母さんは先にお手本を見せてくれました。

そして、

「ゴシゴシゴシ」お母さんと一緒に声を出しながら研ぎました。水を入れたら真っ白な水になったので、トモちゃんはびっくりしました。失敗したのかと思いました。でも、

「この白い水がきれいになってお米が見えるくらいになるまで3~4回洗うからね」とお母

さんは言いました。

水を入れては洗い流し、水をいれては洗い流し、その都度お米がこぼれそうになってもザルがあるから大丈夫。一番危ないところだけお母さんが手を添えてくれました。そのあとは、5のところまで水を入れて、炊飯器に予約セットして2時間後にでき上がりです。

お母さんに手伝ってもらってだけれど、ゴハン炊きを初めて全部できたことがうれしくてうれしくて。

「お父さんやお兄ちゃんはびっくりするかなー」

カレー作り

ゴハンが炊き上がるまでに今度はカレー作りです。

お母さんが玉ねぎやお肉・カボチャなどを用意する間に、トモちゃんはニンジンとジャガイモの皮をピーラーで剥きます。剥けたら切らせてもらうつもりです。

「えんりぎも切らせてあげようね」

「お母さんが先に切るからよく見てね。こうして左の手はネコの手にしてネ。ニンジンはこうして……。ジャガイモはこう……」

ニンジンとジャガイモとえんりぎを少しずつ切らせてもらいました。大なべに用意できた材料を入れるのもトモちゃんです。お水はお母さんが入れました。コトコト柔らかくなるまで煮てスパイスやルーも入れさせてもらいました。トモちゃんは、こんなにたくさんオシゴトをしたのは初めてでした。ちょっと疲れたけれど、とっても楽しかったです。ますますお料理が好きになりました。

本当にトモちゃんが作ったの?

お父さんとお兄ちゃんが帰って来て夕食のときに、お皿にゴハンとカレーをよそうのもさせてもらいました。サラダにプチトマトをトッピングしたのもトモちゃんです。

お父さんもお兄ちゃんもトモちゃんが作ったカレーを「本当にトモちゃんが作ったのー? すごいね。おいしいよ」とおかわりまでしてくれました。大満足の一日でした。

お母さんにとっても楽しい日

実を言うと、この日はお母さんも《トモちゃんのお母さん》であることを、心から楽しんでいたのです。お母さんが育児を楽しんでいる時、子どもは生きていて楽しいと感じるのです。

お母さんが大好き

お母さんは何でも教えてくれるので、トモちゃんはお母さんが大好きです。

でも時々は、お手伝いしたくない時もあります。パズルをしていたい時もあるし、絵本を読んでほしいときもあります。トモちゃんは自分がしたい時だけお手伝いしたいのです。でも、今日みたいに、大人のしていることをみんなさせてもらった時や、新しいことをいっぱいさせてもらった時、お母さんがていねいに教えてくれた時は全然嫌だとは思いません。お母さんがトモちゃんを大切に思ってくれているということがわかるからです。

こわいお母さんは嫌い

ワタル君は3歳です。5歳のお兄ちゃんと二人きょうだいです。ワタル君は本当はお母さんが大好きなのです。でも、仕事から帰って夕食を作っているときのお母さんはいつもイライラしていて、とてもこわいので嫌いです。お母さんが夕食を用意している間は、お兄ちゃんとテレビのアニメを見たり、ゲームをしたりして、夕食ができるのを待っていますが、すぐケンカになります。お母さんの怒鳴り声が破裂します。声だけでは収まりません。ついにお母さんは二人のお尻をパチン。

そんなこんなしながら、やっと夕食ができても、ケンカした後の不機嫌から戻れません。食事が始まっても、お母さんは保育所から持ち帰った洋服などの洗濯をするために、すぐには夕食の席に着けません。その間にまたお兄ちゃんとケンカです。一週間に一回くらいはお父さんが夕食の時間に一緒に食べることはできますが、ほとんどはお母さんとお兄ちゃんとワタル君の三人です。お父さんがいるときは保育園であったことの話をしたりもできますが、お母さんと二人では話しません。

指しゃぶりとオナニーはお母さんの代わり

保育園でお友だちとケンカして帰ってきて、お母さんに気持ちを聞いてほしくても、いつもがまんです。がまんするとき、ワタル君はいつも寝転んで右の親指をしゃぶりながら、左手はズボンの中に入れておチンチンを触ります。でも、お母さんに見つかるとまた叱られるので、最近はお布団の中でします。お兄ちゃんは、それを見つけてお母さんに言いつけるので、ケンカになります。そんなとき、もうがまんできなくて大きな声で泣いてしまうこともあります。

お母さんは

「うるさい！　泣きやまないならゴハンは抜き！」

と怒鳴ります。ワタル君は悲しくて仕方ありません。

でも、最近一つだけいい方法を見つけました。お母さんが疲れてぐっすり寝てしまってから、お母さんの布団にもぐりこむことです。お兄ちゃんもお母さんの反対側にもぐりこんで寝ています。冬は背中が出て少し寒いけれど、こころは温かくなるので何ともありません。

私はワタル君のお母さんに次の2つの話をしました。

①寝る前の遊びと抱っこ、添い寝の効用

忙しくて子どもとの時間を取れないお母さんにおすすめです。上手に子どもを乗せることができるお母さんには、食事の用意や後片付けを遊びの一環にして遊びの機会にしたらよいと思います。寝る前の儀式でよいので抱っこしてギューっと抱きしめたり、全部無理でも添い寝をしてあげてほしいのです。自分が不機嫌で子どもに怒ってしまっても、「ごめん」と言って子どもに謝るお母さんも少なく、子どもは自分が悪かったと思い、お母さんに許してほしがっています。そんなときでも、ふっと夜に目覚めてお母さんが添い寝してくれているのを知ると、「お母さんは許してくれた。明日はきっといい子になろう」と決心します。

こうしたことを、お母さんが意図的にしてあげたとき、子どもは自分のことを大切に思ってくれていると感じます。それがお母さんを信頼する気持ちへと変わっていくでしょう。

②育児に行きづまったら、親子で1対1の時間を作ろう

日中外で働いているお母さんが、一人で二人や三人の子どもを、特にじっとできない多動な男の子を育てないといけない場合の苦労は、尋常ではないはずです。どのようにすれば子さどものお母さんに甘えたい気持ちを満足させる経験をさせてあげられるでしょうか？　何とかし

てお母さんと1対1になれる時間をつくってもらうことです。男の子ならお父さんと1対1も必須です。

普段反抗ばかりしている子どもも、1対1になると見違えるほどいい子になります。じっくり、ゆっくり会話もできます。お父さんやおじいちゃんが休みの日に、母子1対1の日をそれぞれの子につくってあげましょう。思春期以後のさまざまな問題の予防であると同時に、その子の一生の生き方を決めていくことにもなりかねないのです。思う通りにいかないために、自分の子どもが嫌いになりそうになったら、このことは必ずした方がよいと思います。

叱ると怒るの違いは
あとでほめるか
あやまるか。

ヤモリ先生の子育てキーワード

5 相手の立場を理解する

●自信ができるとケンカが始まる

自信がない時期には、幼稚園や保育園でも自分が出せず、いろいろな場面でがまんして家に帰って来ます。がんばってきたので疲れていて、家に帰って来てから不機嫌になることもあるでしょう。でも、その気持ちを説明できるほど言葉を知りません。

少し自信が出てきたころ、悪い言葉を覚えて帰り、「ウンチー」などと、わざと言ってゲラゲラ笑ったり、わざと自分のことを「オレ」と言ってみたりします。こんな時、「そんな悪い言葉をつかってはダメ」などと本気になって怒らないでください。園で誰かが使っていた言葉を使ってみたいと予行練習を始めたのです。だいぶ自信が出てきたのだと理解してもらえば、あたり・・・です。友だちゲンカを始めるのも、もうすぐです。

●仲がいいからケンカになり、仲直りできる

この時のケンカは、何でも言える仲良しの友だちとのケンカです。その子の前では、がま

んする必要がないのです。これはきょうだいゲンカのようなケンカです。仲がよいのでケンカをしたけれど、また遊びたいのです。お互いに相手を許さないと、また遊ぶことができません。仲直りができません。相手を許すという行動は、自分に自信がないとできない行動です。しかも相手の気持ちにならないと仲直りはできないのです。相手を許せるまで、遊びたいのに遊べない時期、やっぱり自分はあの子が好きだったと気づくのです。次からケンカをしない工夫を考えたり、もう少し早く仲直りしようと努力したりします。

ケンカして仲直りできることが幼児期のコミュニケーション能力の最高のものです。子どものケンカを大人が止めないようにしてほしいと思います。

●自閉症スペクトラムの子どもは仲直りが難しい

相手の気持ちを理解しにくい自閉症スペクトラムの子どもは、仲直りもできないことが多く、友だちとのトラブルの原因になります。だいたいは、誰かれなくトラブルのではなく、いつも特定の相手であることが多いのです。その子にとっては遠慮なく自信をもって自分をぶつけることができる相手なのです。こんなとき、どうしたらよいかいつも問題になります。でも、愛着→二人羽織→信頼→自信の次で起こっていますので、その子が信頼している人の出番です。「……してはダメ！」と禁止するのでなく、どうすればよかったかをていねいに教え、できた時にほめるのです。

普段から、その子の通帳がプラスになるように働きかけることも忘れないでください。社会でのさまざまなルールは何がほめられ肯定されることかを信頼している人から学んで身につけて行くことができます。

3　生活のちから

●規則正しい生活習慣をつくる

規則正しい生活は、子どもの成長発達にとって不可欠であることは、誰もが指摘するところです。睡眠・食事・排泄・運動・遊びが毎日きちんと繰り返される中で、子どもは成長発達していきます。

①睡眠

●寝る子は育つ

規則正しい生活にとって最も大切なのは睡眠です。個人差はあるものの、新生児は16〜17時間、4か月以上になると14〜15時間になり夜間の睡眠は徐々に短くなって、午睡を3回くらいに分けてするようになります。6か月から1歳に向けて午睡2回となり、1歳児の睡眠時間はほぼ12～13時間、3歳くらいまで午睡は午後1回になります。1日の生活の中では幼児期は夜8時半に床に入り9時までに寝入り、朝6時台（7時まで）に起きるのが理想です。10時から2時をぐっすり眠ることで成長ホルモン・抗利尿ホルモン・メラトニン・その他の心身を安定させるために必要なホルモンが分泌されるようになっています。

成長ホルモンは、日中はほとんど分泌されず、夜10時から2時にぐっすり眠っていれば最も多く分泌されます。身長が伸びるためだけでなく、傷ついた細胞の修復や新しい細胞を作り出す働きをします。抗利尿ホルモンも眠り始めにぐっすり眠ると分泌が増えます。寝ている間オシッコが出ないようにするもので、3歳ころには分泌量が増えて夜のオムツが取れるようになります。メラトニンは朝起きて14～16時間経ってから分泌されます。朝からしっかり日光に当たることが条件です。寝室が明かるかったり夜更かしすると分泌が減ります。1～5歳で分泌量が最大になります。

このように、夜の10時から2時は、いわば心身が明日への準備をする時間です。10時から2時をぐっすり眠れば眠るほど、翌日の食事・排泄・運動・遊びなど、子どもの発達の基礎となる生活習慣のすべてのことが安定してきます。

●改めて幼児の睡眠を考える

ところが今、幼児を抱えた母親も夕方遅くまで働くことが当たり前となっている社会状況とも相まって、親の生活が夜型となり、幼児の夕食時間が夜7時半や8時になることもざらでなくなり、3歳児の半数以上が夜10時以後に寝ていることが問題になっています。

勢い、起きるのも遅く、朝食抜きまたは成長のための栄養価を考えない、お菓子のような朝食を食べて、保育所へ送り届けられています。保育所での食事だけが量的にもバランス的にも幼児食として子どもの成長を支えている家庭も少なくないのではないでしょうか？

また、本来なら3歳ころになると、日中午睡なしに思いっきり遊び回れるようになるため、8時過ぎにはバタンキュウと眠れるようになります。したがって4歳～6歳になれば当然午睡は不要です。しかし、夜10時就寝では4～6歳になっても午睡なしではいられない生活になっています。また、それが半数以上の家庭で行われていると、4～6歳児が午睡するのが普通と考えられるようになり、午睡を嫌がる子どもさんが異常と評価されてしまうこともあるようで、8時半に寝かせ6時半に起こしているお母さんから相談を受けることがあります。

大人の睡眠はほぼ90分サイクルで深いノンレム睡眠と浅いレム睡眠を4～5回繰り返すことがわかっていますが、子どもも5～10歳ころにはこのサイクルができあがってきます。ノンレム睡眠の時間は脳の眠りの時間で、ぐっすり眠ります。レム睡眠の時間はからだの眠りの時間でからだはダラッとしています。瞼の下で眼がキョロキョロ動いていて脳は起きており、この時間は夢を見ている時間です。寝ついた始めのころは深いノンレム睡眠の時間が長く、朝に向かって浅いレム睡眠の長さが増えていき、朝すっきり起きれるようになっています。

●睡眠障害

発達障害児では乳児期早期から睡眠障害が見られることが多く、お母さんの悩みの種になります。他の家族の理解や協力がないと虐待や離婚の原因になることもあります。特にお母さんに抱かれることができない子どもにその傾向が強く、抱きしめる練習をして、お母さんの胸に耳をつけて抱けるようになると、安心して眠りやすくなり、翌日も朝から機嫌がよいことにつながります。おそらく眠るのは孤独になることなので、不安だと眠れないのではと思っています。

第2章の「コミュニケーションのちから」の中で、乳児期から反り返ってお母さんの胸に耳をつけて抱かれにくい赤ちゃんについて書きましたが、愛着形成ができると、お母さんと添い寝もできるようになり、眠りやすくなることも経験します。場合によって入眠剤を処方して、ウトウトしてから抱くようにして抱いて眠れるようになった子どももありました。

②食事

●好き嫌い予防

姿勢運動発達に合わせた離乳食……赤ちゃんの離乳食は、果汁やスープなど母乳やミルク以外の味とスプーンに慣らせる準備期（2～4か月）、舌は前後にしか動かせないためドロドロのものを平スプーンに入れて食べさせる初期（5～6か月）、豆腐やプリンなどを上顎と舌で押しつぶして食べることができる中期（7～8か月）、バナナなどの柔らかさのものを歯ぐきで潰してもぐもぐ食べのできる後期（9～11か月）と、だいたいの目安が書かれています。しかし、姿勢運動発達が遅れている子どもでは、首が座って寝返りができたら初期、仰向きで足なめができ、腹這いで回転や前進ができたら中期、四つ這い・座位・つかまり立ちができたら後期と覚えておいてください。姿勢運動発達は口腔機能発達とほぼ一致していることが多いからです。

寝返りができていないのに初期の離乳食を食べさせたり、四つ這いも座位もできていないのに後期離乳食を食べさせたりすると、喉につかえてむせたり吐いてしまったりして、楽しいはずの食事がつらいものになります。初めのうちは、いちいち苦しい目をしているだけですが、繰り返されるとその食べ物が口に入っただけでそれとわかって吐き出したり、さらに見ただけで受け付けなくなってしまいます。これが《食べず嫌い》発生の原因になります。

手づかみ食べを十分してからスプーン食べへ……上手な四つ這いができるようになるころから、手のひらで食べ物をつかんで食べはじめます。それは見たものと、手で触れたものと、口の中に入ったものを、同じものとして認識する発達上の大切な行動です。それによって目で見ただけで、固いものか柔らかいものかがまず認識できて、口はその食べ物に合わせるように準備します。手づかみ食べを十分したあとでスプーンやフォークで食べれば、いろいろな食べ物をおいしく食べることができるはずです。片手でスプーン、片手で手づかみでもいいのです。

このころの子どもの食事のときには、小さなお皿を子どもの目の前に置き、まず一つかみ分だけ入れましょう。食べ終わったら次を入れます。子どもが次にどれがほしいかを指差して伝えるようになるでしょう。食べ物で遊んでしまいやすい子どもでは特におすすめです。また、同じものばかり要求するようになったら、「ひと口食べたら次にあげる」などの約束をお母さんとするようにしていってください。

押し付けない、あわてない……《幼児期に最も必要な栄養はタンパク質・カルシウム・マグネシウム・タウリン・食物繊維……何よりバランスがよいことが大切です》と書いてある育児本を読むとたいていのお母さんはついついあわてたり、押し付けたりしてしまいます。特に、舌や顎の運動発達の遅れている子どもや注意欠陥多動性障害のある子どもの場合、押し付けると食事の時間そのものが母子ともに苦痛の時間になってしまいます。お母さんが楽しくない食事時間は子どもはもっと楽しくないと思います。一人でがんばりすぎず、食事指導の専門家に食事をしている場面を見てもらい指導を受けた方がよい場合もあります。

自分で育てた野菜、自分で料理した食べ物……子どものころから何でも食べることができるようになっておくことが必要ですが、強制しすぎるとかえって嫌いになることもあります。メタボリックシンドロームにならないための食事を小さいときから食べられるようにすることが目標です。3歳ころからは、まず食べることに興味をもち好きな食べ物があること、次に遊びも利用しながら、長い時間をかけて、少しずつ《嫌い》をなくしていくためのアイディアも必要です。自分で育てた野菜なら食べる子どもや、自分で作った料理を家族がおいしいと食べてくれてから食べるようになった子どもがいます。

「ま・ご・わ・や・さ・し・い・ヨ」を子どもに覚えてもらうといいかもしれません。ま＝まめ、ご＝ごま、わ＝わかめ（海藻）、や＝やさい、さ＝さかな、し＝しいたけ（きのこ類）、い＝いも、ヨ＝ヨーグルト（乳製品）です。カードにかわいい絵を描いて、冷蔵庫に貼り付けておいて、今日食べたものを箱に入れていくのはどうでしょう。

子どもの発達にとって特に大切なのが朝食です。ぐっすり眠って成長ホルモンをはじめとする各種ホルモンが、今日の心身の発達のために準備をしてくれた脳とからだで、早起きしてバランスのよい朝食を食べることが大切です。早起きしないとお腹も空きません。

●発達障害児の偏食

「うどんしか食べません」とか「白いご飯に少しでも色のものが混ざっていると食べません」など極端な偏食を示すとき、発達障害を疑います。口の周辺に触れるのが嫌であったり、ベタベタが手に少しでも触れると大泣きしたり、その食べ物がテーブルに乗っていることが耐えられなかったりします。また、大きいだけで嫌いであることもあるので、何が好きで何が嫌いか書き上げてみてもよいと思います。形か、大きさか、固さか、色か、感触か、味か、お皿の色か、環境かなどの共通点を分析すると、何にこだわっているかがわかります。でも、「こころの安心の貯金通帳」がプラスになってくると、自然にこだわりがなくなることもありますので、こころ育てから始めることをすすめます。お母さんの思いで、ごり押しをすると自分が否定されたと感じます。

お米を一粒ずつつまんで食べるため、食事に人一倍時間のかかる子がいました。他の子どもがフォークで食べる練習をしていて「すごい！」とほめられたのを見ていましたが、10分くらいたったころ、その子もフォークを持っていました。先生が二人羽織で突き刺し方を教えました。すると自分で口に持って行って食べたのです。「すごい！」と言われて、その時からフォークを使えるようになりました。自分からその気になりそうな環境を整えて、じっくり待つことが解決の道につながるようです。

③運動

●乳児期から運動不足にしない配慮

「からだの力」で述べたように、赤ちゃんの移動運動のパターンには寝返り・ピボット・腹這い・四つ這い・高這いなどいろいろありますが、最近では全く這わずに立って歩く子が増えているようです。なかでも四つ這いは、立って歩き走りジャンプしたりなどの基礎であるばかりでなく、縄跳び、跳び箱、棒のぼりなど4歳から6歳でできる協調運動の大切な基礎となっているのです。ベビーラックや歩行器などの普及とともに、赤ちゃんのときから、運動不足になっている子どもが増えているのではないでしょうか。ラックや歩行器は家に置かないようにした方がよいでしょう。

歩き始めても、ベビーカー・自転車や車などで移動します。親の用事のために連れ歩くだけでなく、あえて、子どもの発達のために歩く時間を取るようにしたいものです。《寄り道、道草は創造力のみなもと》です。どこか目的に向かって歩くのでなく、石ころや虫や花を見つけながらウロウロできる道があるといいですが。

30年前の小学生は一日3万歩歩いていたのに、今の小学生は1万1千歩しか歩いていないと言われています。じっと座ってテレビやビデオを見たり、ゲームをしたり、友だちと遊んでいる時でも、それぞれが自分のゲーム機を持って遊んでいて、からだを動かしていません。からだを十分動かさないと、お腹も空かない上に、疲れないため眠れません。

●多動な子どもは働き者

多動な子どもはエネルギーが余っています。作業療法の時間に練習して縄跳びができるようになったのがうれしくて、保育園から帰ったあと、毎日毎日1時間も練習する5歳の女の子がいました。しかも、お母さんにずっとそばで見ていることを要求するのです。お母さんは夕食の用意もできません。ケンケンもできず、保育園でいつも一人でいた子が、うれしそうに跳ぶのです。

何とか気持ちを汲んでやりたい。お母さんは考えました。庭にバーベキューの時の調理用具を出して、夕食の準備をすることにしたのです。毎日1時間の練習をするようになって、お母さんが気づいたことがありました。夕食の時にじっとできる時間が増え、夜ぐっすり眠るようになったことです。あり余っていたエネルギーを使い果たし、お母さんにもほめられて、心身ともに満足したのでしょう。

④生活時間排泄

●規則正しい排泄

規則正しい排泄も大切です。ぐっすり寝て、しっかり食べて、思いっきり外で遊び動けば、自然に排泄は規則正しくなると考えられます。昔、オムツがなかった時代もありました。浮世の赤ちゃんはオムツをしていません。赤ちゃんがオムツをしていないと、母乳を飲ませてどのくらいするとオシッコが出るか、お母さんはだんだんわかっていきます。赤ちゃんがオシッコをするごとに、「シー」と声をかけていると、だんだん声に合わせて条件反射でオシッコが出るようになっていきます。5か月くらいになると、ほとんど成功していたようです。今でもオムツなし育児に挑戦している人があるようです。

昭和10～20年くらいまでは毛布を切ってオムツカバーにしていたので、這い這いするころにはオムツをはずし、布の股オムツの時代には歩き出すと歩きにくいので、1歳半がオムツを取る時期とされました。ある期間オムツを外し、オシッコが出て気持ちが悪い経験をさせることでトイレでする習慣をつけました。

動きやすい紙パンツのオムツになった現在では、3歳になってもオムツを外せていない子どもも増えています。そんな現在でも、幼児になり、幼稚園や保育園に行くようになったら、起きて10分、食べて15分から始めて、食事前・外出前・帰宅後・風呂前など生活時間に合わせて声掛けするようにした方がよいと思います。

●トイレに課題をもつ発達障害児

食事や睡眠にもこだわりをもつ子どもがあるように、トイレにも課題を示す子どもがいます。

一日中何度も何度も、トイレに入る子どもがいます。何かのことで不安になるたびに水を流して「こころの安心の貯金通帳」に15点をためなければいけない子どもです。小学校に入ってから、算数の計算が得意分野として認められるようになり、「3回流したら終わりね」と先生と約束して、3回で帰ると先生にほめられる（＋30点）ことがわかってから、自分で「今度は2回で帰ってくる」と宣言して行くようになり、余程のことがなければトイレに行くことがなくなりました。

一方、トイレに入らず、居間の隣の部屋でパンツを脱いでわざわざ紙オムツを履いて、用を足すことにこだわってきた男の子がいます。小学校に入学してからも、学校ではトイレに行かず、家に帰ってから紙オムツでしていました。しかし、午後からの授業が始まると、長時間がまんすることができなくなって、おもらしをしてしまったのでした。これは大変ということで、朝からオムツをして行くようにしようとしたのですが、彼にとっては紙オムツはあくまでトイレの代わりなのです。朝から履くことは拒否です。

そこで、学校のトイレに紙オムツを持って行って、そこで紙オムツに履き替えて用を足し、後始末を全部自分でできるように教えてもらい、ほめられる経験をしてから、トイレでできるようになりました。家族にもそのことをほめてもらい、トイレでできるようになりました。紙オムツのまま便座に座ることもトライしましたが、すぐには無理だったので、いま立ち小便の練習をしています。

課題が生じたとき、どうすればほめることができるかを考えると、解決策が見つかる可能性が高いと思います。

●身辺自立

食事・着脱・排泄の自立には手を使うことが必要ですが、乳児の初期から両手でおもちゃを持ってなめたり見たりした動作の続きです。しかも、背筋がしっかり伸びて座位や立位が安定しているほど、肘がからだの前に出て、顎を引いてしっかり手元を見て動作ができます。頚椎の後屈や側屈があると、一方の肘が後退して姿勢が歪みます。すると、両手動作や両方の目で見ること（両眼視）が下手です。背中が丸かったり曲がっている時には、両方の上肢で支えた手押し車をさせてあげると手指だけでなく、噛む力も強くなります。

①食事

姿勢運動発達と口腔機能の発達とが密接に関係していることは、先述しましたが、手指の発達も同じで、四つ這いができ始めるころ、エイセイボーロを手掌でつかみ（熊手つかみ）、そのまま手掌で口に押し込むような食べ方をします。それを見ているお母さんの顔を見て、自分で食べることができた満足感で、とてもかわいい〝ドヤ顔〟をします。四つ這いがもう少し上手になり、手指でしっかり支え、膝の蹴り方がしっかりして来ると、人差指と親指を伸ばしてピンセットのようにしてはさみ（ピンセットつまみ）、さらに上手になると人差指と親指を曲げて丸くして指の先端でつまめるよう（釘抜きつまみ）になります。このころになると、小さいものに興味を示すようになり、落ちているパンくずやゴミを口に入れてしまうこともあります。

食事のときには、歯茎でつぶせるくらいの柔らかさのニンジンや大根やジャガイモなどを自分で口に持って行っている間に、お母さんがスプーンできざみ食などを運びます。自分でもスプーンを持ってすくおうとはしますが無理なので、お母さんがスプーンを近づけると大きな口を開けて食べてくれます。片方の手にはお守りのようにスプーンを持ったまま、手づかみもし、食べさせてももらう時期です。そのうち、お母さんが持っているスプーンを触ろうとし始めることもありますが、そのときにはお母さんが口の中に押し込まず、お母さんが持っているスプーンに赤ちゃんの手を添えさせて、赤ちゃんが自分で口の中に入れている気持ちにさせてあげます。

歩けるようになるとさらに自主性も増して、自分でしたい気持ちも増しますが、手指の不器用な子どもでは、食べ物で遊んでしまうこともあります。そんな場合は、食事の前に15～30分くらい、小麦粘土や水などで十分遊ばせてから食べさせたり、お皿に小分けにして食べさせてあげるとよいかと思います。手と目と口の関係をよくするためには、1歳半までは手づかみでもかまいません。保育園によっては2歳まで手づかみ食べをしっかりさせる方針を取っているところもあるくらいです。

また、家族のマネをして、1歳でもお箸を持ちたがる子どももありますが、お箸だと自分で食べられる時期はまだ先なので、フォークやスプーンをおもちゃとして親しみを持たせておけばよいかと思います。

②衣服の着脱

普通は、パジャマのような簡単で伸びやすい衣服の着脱を、一人でできるのはだいたいは3歳です。ただ、1歳半ころからのコミュニケーション遊びとして、お母さんの膝に座らせて、二人羽織で着せていると、もっと早く着れるようになります。子どもの前に座って着せるより、後ろや横に座って右手に右手、左手に左手を添えて着脱させる方が、自分でしている気持ちになりやすいからでしょう。どちらにしても幼稚園や保育園の養育方針や生活の中での経験の仕方によって、できる年齢は違います。お兄ちゃんやお姉ちゃんの影響も大きいと思います。

③排泄

オシッコが出る前に自分でわかるようになり、ズボンやパンツが自分で脱げるようになると、一人でトイレに行けます。「出たよー」と言えば、お母さんが来て後始末をしてくれます。

一人で行けたことをほめているとスムーズにいくのですが、2歳になったからとか、3歳になったからと、お母さんがトイレトレーニングに一生懸命取り組もうとすると、かえってうまくいかないのが常です。

お手伝いなどで、お母さんはほめてくれる人という概念が子どもの中に育ってから、二人羽織でパンツを脱いだり履いたりさせ、トイレですることがほめてもらえることの一つになれば、やりやすくなります。トイレトレーニングをやりすぎて、いますでに関係が悪くなっているなら、いったん休んで関係修復を先にします。別のことでほめる関係をつくることです。

●生活能力

掃除・洗濯・買物・料理などの家事は人間が一人で自立して文化的な生活を送るために必要なことです。大人になっても、これらが自分でできない人は、誰かに手伝ってもらわなければなりません。

また、幼児に経験させた掃除・洗濯・買物・料理は学校に行くと国語・算数・理科・社会に化けます。何でも触らせ操作させ、初めから終わりまで、ていねいに、きちんと、教えてあげることが大切です。いろいろなものに直接触れて、感触や色・形・数を操作するという実体験は、さまざまな概念形成に役に立つからです。また、直観力や想像力・企画力などを育てます。しかも、家事はすべて家族の役に立つ体験でもあります。

①料理

幼児期には、キュウリやニンジンを決められたように切るのは、立体図形の認識によさそうです。23個あるイチゴを4人家族で一人に5個ずつ分けると、5個×4人＝20個で、あと3個残っているのを、どう分けようかと考えるとき、掛け算のような足し算のような、引き算のような割り算のような計算になることで、数概念が育ちそうです。ロールケーキを半分に切らせてあげて、半分は明日のため、今日半分を4人に分けさせれば、分数の感覚が育ちそうです。

②洗濯

洗濯も洗濯マークを見せて分類させることで、クリーニング屋さんに持って行くものと、手洗いのものがあるなどを知ったり、汚れていた下着やTシャツを洗剤とともに洗濯機に入れて電源をONにすると、水がザーッと出てグルグル回り、しばらくザッザッと音がして、最後にピーピーと鳴ると、いい匂いになって湿った布がシワシワになって出てくる。それを乾すと今度はきれいになって乾燥したものになっている。同じものに起こるこの変化を知ることが大切です。

乾かす時にきちんと形を整えることも、子どもの手でさせてあげ、取り入れてたたむこともさせてあげましょう。手ぬぐい2つの角を二人羽織で一緒に持ってします。大人のやり方を目標として〝できないことは手を添えて、できるようになったら自分で〟は一緒です。

③買物

例えば幼児に自動販売機でお茶を買わせるとします。100円1枚と10円2枚を渡して穴に入れさせるのは1歳児でもできる仕事ですが、たくさんあるお金の中から100円1枚と10円2枚を自分で選ばせて買わせるとしたら、もっと上の年齢にならないと無理です。100円玉がなかったら、1000円札しかなかったら、などいろいろな経験の中でお金の価値を知っていくでしょう。自動販売機ですら、これだけいろいろあるのですから、スーパーで野菜や魚を買わせたら、デパートでTシャツや靴下や靴を買わせたら、おもちゃやお菓子など自分が必要とするものだけ買わせるのでなく、家族のためのものを買わせることを先にさせる方がよいと思います。

④掃除

自分で掃除をしない人は、汚れていたり、散らかっていることに気がつきません。お母さんやお父さんが片付けてしまうと、片付けることをしない子どもが育ちます。

赤ちゃんは1歳2～3か月になると、ビンの中に小さな玉を入れることができます。「ナイナイして」と声をかけると、得意そうに小玉をビンに入れてくれます。何度も何度もして見せてくれます。ということはお片付けが大好きなのです。

1歳半になるとさらにお手伝い大好きになりますので、食事の前にテーブルを拭いたり、食事が済んだ後のお皿を流しに運ぶのを、手伝わせてあげてください。お母さんが片付けるときに必ずその一部を子どもにしてもらうとよいのです。また、スイッチをONにしたりするのが好きになったら、掃除機を出してきてしまうまでを、子どもの手に手を添えてさせてあげてください。おもちゃも片付けやすくしてあげるのが大切です。

知能は縦糸、生活力は横糸、知能に見合った生活力を。

ヤモリ先生の子育てキーワード

第3章
子育てメッセージ

たとえ

たとえ
手足や目や耳や知能が
障害されて生まれても
こころが障害されて
生まれてくる子はいない
もし
こころが障害された人がいたら
それまでに
与えられた環境や
出会った人によって
傷ついただけ

不得意なことは

不得意は得意を知るためにある
得意なことなら集中して何時間でもできるなら
得意なことをたくさんしていいよ
いい気持ちになれるから
得意と不得意は早くわかったほうがよい

得意なことは
さらに広め深めよう
自分が好きになれるから

不得意なことは
小きざみに少しずつ乗り越えて
がんばれる自分を知るためにある
不得意を避けずにすむために
得意なことがあるんだよ
得意と不得意がはっきりすれば
心のそこから自分を好きになれるよ

不器用は本当は宝もの

不器用は本当は宝もの
ダイアモンドの原石

不器用だと一つのことに時間がかかるから
根気がよくなる

不器用なので人一倍がんばらなければならないために
努力家になる

不器用なため失敗ばかりしていると
失敗に強くなる

自分が不器用だと
失敗する人にやさしく寛容になれる

不器用で
人と同じ仕方ではできないので
工夫の精神が生まれる

不器用な子は
誰かに手伝ってもらわないといけないので
人に助けを求めるのが上手になる
そのおかげで
やさしく教えてくれる人を見分ける目をもてる
そしていつも
信頼できる人と出会う

だから
不器用を大切に育てよう

不器用は本当は宝物
ダイアモンドの原石
ゆっくりていねいに磨いて
素敵な大人に育てたい

できないことは本当は誰よりもしたいこと

歩けない人が
歩けるようになりたいように

見えない人や
聞こえない人が
見えたり聞こえたりしたら
喜ぶように

話せない人が
誰よりも話したいように

できないことは
本当は
誰よりもしたいこと

友だちと遊べない人も
本当は友だちと遊びたいし
友だちができたとき
本当にうれしい顔になる

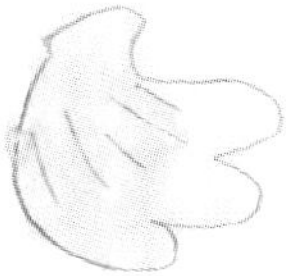

学校に行けない人は
本当は誰よりも
学校に行きたい
でも
行けない

歩けない人に
車椅子や装具があるように

見えにくい人に
眼鏡や点字があり
聞こえにくい人に
補聴器や手話があるように

友だちと遊べない人や
学校に行けない人に
どんなサポートが
いるのでしょう

きっとそれは
人のこころ
わかろうとするこころ
だって
できないことは
本当は誰よりもしたいこと
だから

生きる意欲

意欲のある時は
10のうち5好きなことをすれば
5嫌なことを乗り越えられる
少しつかれている時は
7好きなことをすれば
3嫌いなことをがまんできる
生きる意欲がなくなったときは
10の内10好きなことだけすればよい
そのうち
人生を楽しく思える日が
きっときっとやって来る

電化製品は

家事をお母さんの孤独な作業にした
子どもはお手伝いをしなくなった
家庭の中に家族の共同作業がなくなった
家族はそれぞれに忙しく
家族の心はばらばらになった
便利は同時に人々を孤独にした
子どもが人らしく育つには
家庭の中に共同作業を復活させる
意識的な努力が大切

コミュニケーション力

コミュニケーション力は
まずスキンシップによる安心感から
人に感謝される体験
人を信頼する体験が大切

いつも子どもに合わせて遊ぶと
子どもは自分の殻から抜け出ることができない
いろんな世代から子どもが学ぶ機会を作ろう
家族や知っている大人の
働き方や考え方を知ること
未来に夢をもつ子どもになれる

自信

友だちの中に入れるようになると
悪い言葉を覚えて来る
自信ができると自己主張して
仲のよい子とけんかする
けんかしても仲直りしてまた遊ぶ
自分に自信をもてるようになると
人を許したり、人の立場に立てる
上手にけんかができるようになる
大人が介入してすぐに止めてしまわないこと

コミュニケーションは

コミュニケーションは
面倒くさいもの
世の中が便利になるほど
人と人とのコミュニケーションは
薄くなる
今日一日誰とも話していない人がいる

買物に行っても
昔は商店街で多くの人と話をした
でも今はスーパーやコンビニで買物しても
一言も話さないですませることができる

親

いつも立派な親でなんかいられない
一緒に過ごせばみんな見える
お互いを感じる力をもっている

精一杯をわかってくれる
だってあなたの子どもだから
あなたのことが大好きだから

誰かに悩みを聞いてもらい
子どもを信じてあせらず待とう
もう少しすれば親も子どもも成長する

急がないでね

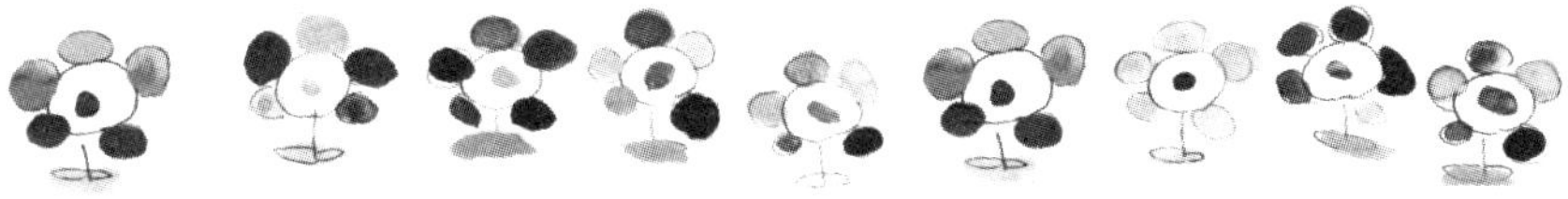

子どものほめ方

子どもをほめるとき
具体的にほめましょう

この子は本当にやさしい子ですと
ほめるとき

いつ、そう感じたかを
付け加えるといいですよ

どんなふうにやさしいのですか

あるお母さんが言いました

私がカゼをひいてソファーで横になっていたら
この子が
そっと毛布をかけてくれました

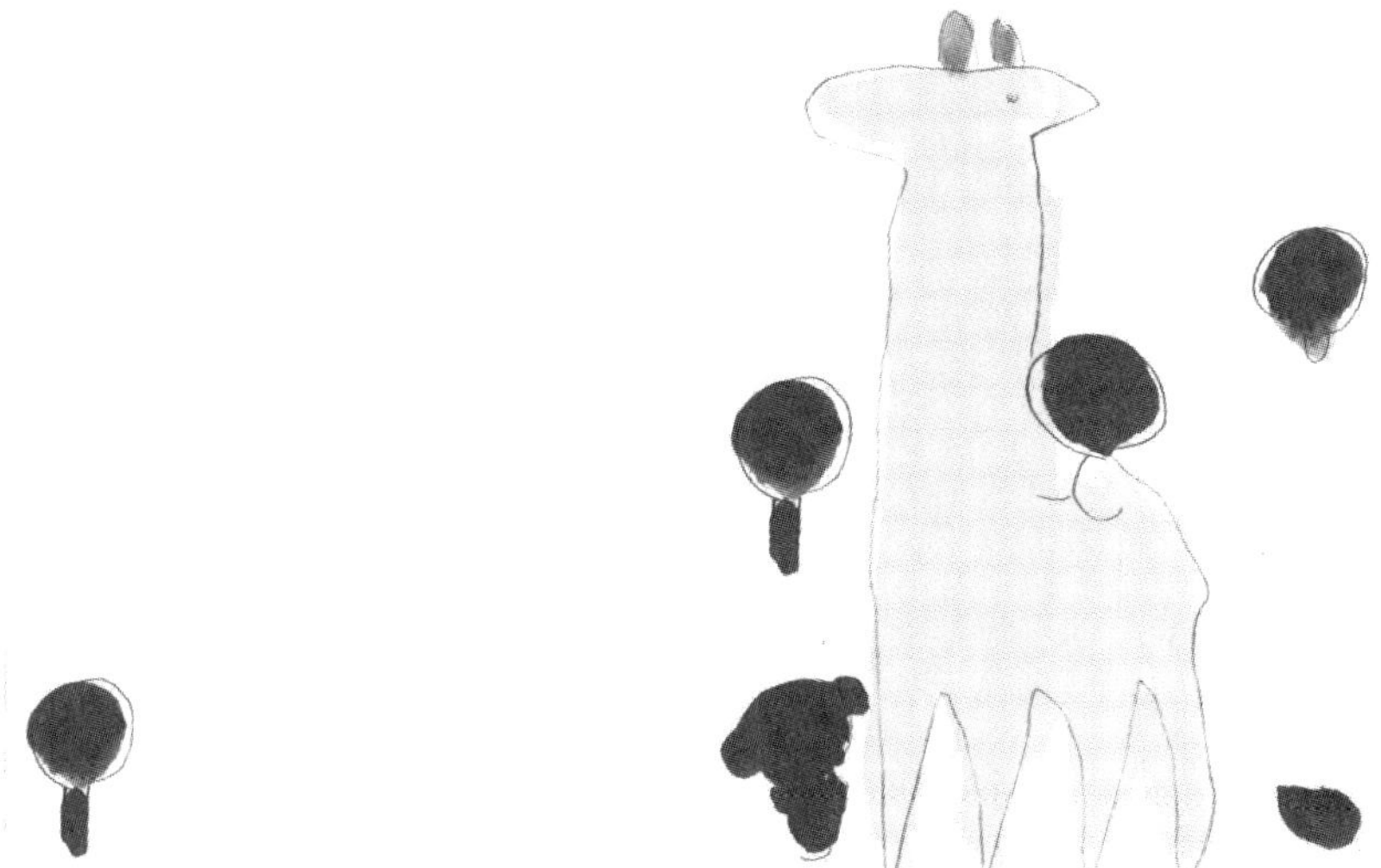

勉強はできないけれど
いつも
そんなふうに
気をかけてくれる
やさしい子です

そのことを
おばあちゃんにも
お父さんにも
先生にも伝えてあげてくださいね

そうすれば
お子さんは
同じことを
いろんな人にしてあげて
いろんな人から
やさしい子だねと
ほめてもらえることでしょう

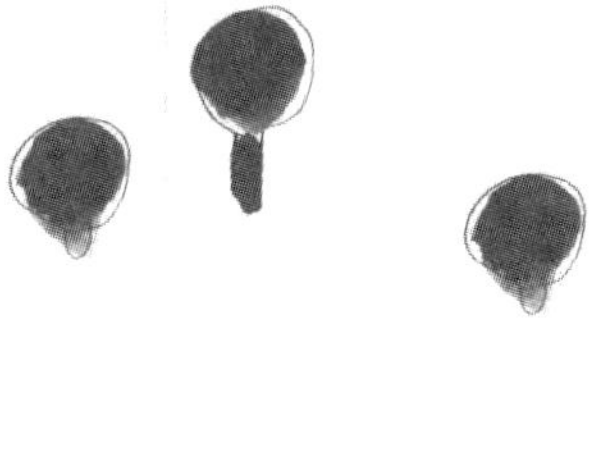

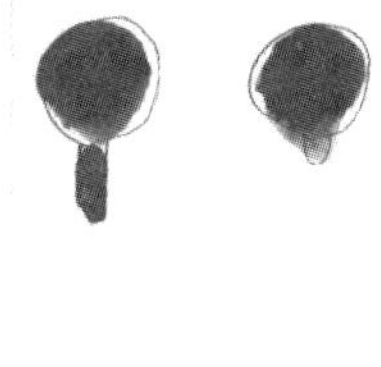

お手伝い

掃除　洗濯　買物　料理

3歳になったら
時間を作って教えよう
できなくとも当たり前の年齢に

ていねいに
ゆっくりと
大人と同じようにできるまで

できないことは手を添えて
できるようになったら
自分で

掃除　洗濯　買物　料理
家族のためにする家事は
生活力を育てる
コミュニケーション力を育てる
想像力を育てる

掃除　洗濯　買物　料理
学校に行くようになったら
国語　算数　理科　社会に化ける
応用力の元になる

おわりに

発達障害児の育児は、すべての子どもの理想的な育児でもあります。私は、多くの子どもたちとその母親の関係を知る方法の一つとして、診察室の中での母子の位置関係を観察してきました。その過程で、母親に対する子どもの愛着行動に一定の法則を見てきました。それについては、第2章の愛着形成の中で触れました。また、母子関係がよくなることによって、発達障害児の行動障害やこだわりの程度が軽減することも経験しました。母親が、子どもの障害を受け入れ、前向きに育児できるようになることによって、自閉症スペクトラムのレベルが軽くなることも経験しました。

「こころの安心の貯金通帳」の考え方は、私が子どもの発達支援を行う際の基本的な考え方ですが、〝子どもは社会的、精神的発達を正常に行うために、少なくとも一人の養育者と親密な関係を維持しなければならず、それがなければ、子どもは社会的、心理学的な問題を抱えるようになる〟というボウルビーのアタッチメント理論（愛着理論）がその根底にあります。アタッチメント理論は、その後、多くの研究者によってさまざまな発展をとげましたが、母親でもある私にとって、この考え方が一番気持ちにフィットするものでもありました。

「こころの安心の貯金通帳」の考え方では、子どもの自己肯定感はどのようにして育つのかをテーマにしています。達成感を得る行程において、母との関係ばかりでなく、子どもの周りにいるすべての人が、子どもの安心の基地になりうること、周りに安心させてくれる人がいなければ、安心するために子どもが自分でも努力していること、貯金ができるということに注目したことなどは、少し目新しいかもしれません。発達障害があると、手足だけでなく人間関係も不器用なために、達成感に至らないばかりか失敗が多く、「こころの安心の貯金通帳」がマイナスになりやすく、しかも、乳幼児期から母にも周りの人々にも理解されにくい行動をとるために、否定される機会が多く、ますますマイナスになって、その結果、二次障害が成長発達してしまうと考えています。二次障害を起こさないようにすることが、発達障害の育児支援の主体です。最も大きな効果は、子ども自身が自己肯定感をもつ機会をあげることで、その次は、子どもの笑顔を見て母親や家族が子どもの将来に楽しみを見つけることができるようになることです。母親が育児を楽しんでこそ、子どもは生きているのを楽しいと思い、自分を好きでいられるのです。

私は戦争中に、2歳の妹をジフテリアで亡くしました。2~3日前まで遊んでいた妹の死を、4歳になったばかりの私の中でどのように受け止められたのかわかりません。しかし、死の直前に妹と遊んでいた情景は、今でもリアルに思いだされるのです。

20年後、私が結婚して実家を出て9か月たったころ、末の妹が医学部に入学して4か月で、自殺していなくなりました。若くて自死をしてしまった妹の気持ちを理解したい思いから、児童精神医学を勉強したいと思いました。しかし、本当に子どもの心の育ちを知るためには、小児科から勉強した方がよいと言う先輩からのアドバイスで小児科を選びました。たまたまの出会いから、脳性麻痺の早期診断・早期治療の領域を専門とするようになり、姿勢運動に障害をもつ子どもの発達支援に乳児期早期から携わるようになりました。障害をもった子どもの心身の育ちとともに、そのご家族の事情も見え、障害児のご兄弟に起こる不登校や心身症などさまざまの問題についての相談も受ける機会をもちました。また、ワーキングマザーとして3人の子どもを育ててきた過程の中でも、子どもたちから提示された多くの課題とも格闘せねばなりませんでした。その経緯の中で「こころの安心の貯金通帳」の考え方が生まれ、熟成されてきました。

お母さん方の育児相談にのるときに、自分の子どもの気持ちを理解する一助として、私は「こころの安心の貯金通帳」の話をします。講演などで不特定の方々にお話するときにも、基本的な考えとして、必ず話すようにしています。保健師さんや保育士さんに仕事として子どもやお母さんに付き合うための考え方として、お話していても、ご自分の過去やご自分の子どものことを思い出しながら聞いておられるのか、涙を流す方があります。

また、この考え方は発達障害の子どもと通常発達の子どもの間に境を設けず、すべての人のこころの裏側を思いやる考え方になります。自分がマイナス思考になった理由も自分のせいではないこと、しかし、特定の誰かのせいであったとしても、済んでしまった過去にこだわるのでなく、これからの生き方の中でも、自分の通帳をプラスにできることを考え直すこともできるに違いないと思う希望にまでつながっています。

発達障害の子どもの発達支援としては、乳幼児期に姿勢運動における課題をボイタ法などの理学療法によって改善し、お母さんの胸に耳をつけやすくすることで、母子間の愛着関係を育て、幼児期には感覚統合療法などを通じて、協調運動障害を改善させ、少しずつ上手になる自分を感じさせます。そして、日常の中でお手伝いなどを通じて家族の中で役にたつ自分を知らせて、家族の中で受け入れられている安心感と自己肯定感を育てることが大切です。その後、学齢を通じては、子どもの得意をみつけて育てるとともに、「ああそうか。わかった」と思う経験をもつこと、「うわあ、すごい」と感動する体験をもつこと、そして「自分にはこんなよいところがある」と知っていること、などが大切と考えています。

「こころの安心の貯金通帳」の考え方を知って、多くの人々のこころの中に自己肯定の気持ちをひっそりと育てていただければという思いで、この本を書かせていただきました。

最後に、この本の出版を引き受けていただいたクリエイツかもがわと、尽力いただいた編集の伊藤愛さんに感謝します。

2013年3月　　家森百合子

著者プロフィール

家森百合子（やもり ゆりこ）

1967年京都大学卒
聖ヨゼフ医療福祉センター前副院長・京都大学元臨床教授
バルツァ・ゴーデル顧問・NPO法人日本ボイタ協会理事長.
島田市民病院および京都武田病院小児発達外来を経て
家森クリニック院長（2013年4月開院　http://www.yamori-clinic.com.)
小児科専門医・小児神経科専門医・リハビリテーション科専門医
『子どもの姿勢運動発達』（ミネルヴァ書房）、『赤ちゃんの1年（DVD）』（医学映像教育センター）、『重症児のきょうだい』（クリエイツかもがわ）他著書多数

カバーイラスト・第3章さし絵：畦越浩一
本文イラスト・装丁：加門啓子

子どもの気持ちがわかる本
こころの安心の貯金通帳

2013年4月20日　初版発行

著　者　© 家森百合子

発行者　田島英二
発行所　株式会社 クリエイツかもがわ
〒601-8382　京都市南区吉祥院石原上川原町21
電話 075(661)5741　FAX 075(693)6605
ホームページ　http：//www.creates-k.co.jp
郵便振替　00990-7-150584

印刷所　新日本プロセス株式会社

ISBN978-4-86342-108-0　printed in japan

好評既刊

発達障害者の就労支援ハンドブック

DVD付き

ゲイル・ホーキンズ／著　森由美子／訳

長年の就労支援を通じて92％の成功を収めている経験と実績の支援マニュアル！　就労支援関係者の必読、必携ハンドブック！「指導のための4つの柱」にもとづき、「就労の道具箱10」で学び、大きなイメージ評価と具体的な方法で就労に結びつける！　3360(3200)円

発達の旅

人生最初の10年　旅支度編

中村隆一／著

発達とは表面的な姿の変化だけでなく、生活のなかで創り出される本質の変化である――発達概念成立の道すじをたどりながら、発達研究の方法論を探る。　1785(1700)円

インクルーシブ教育への提言

特別支援教育の革新

清水貞夫／編著

インクルーシブ教育について、障がい者制度改革推進会議の「意見」、中教審の「特・特委員会報告」は対立している。問題を明らかにし、特別支援教育の「推進」がインクルーシブ教育に至るとする誤りを批判、「真のインクルーシブ教育」実現の考え方、方法を提起。　2100(2000)円

特別支援教育からインクルーシブ教育への展望

自治体と歩む障害者福祉の可能性

渡邉健治／編著

障がい者制度改革推進会議の「意見」と中央教育審議会「特別委員会報告」との違い、そのあり方、内容、システムなど、さまざまな課題を大胆に論述、日本にふさわしいインクルーシブ教育実現への問題提起！　**東京都内小学校の実践を掲載！**　2310(2200)円

インクルーシブな社会をめざして

ノーマリゼーション・インクルージョン・障害者権利条約

清水貞夫／著

北欧と北米のノーマリゼーションを対比しながら、障害者福祉や障害児教育の理念として語られるインクルージョンの原理・思想を明らかにする。　2310(2200)円

アスペルガー症候群　思春期からの性と恋愛

ジェリー・ニューポート　メアリー・ニューポート／著　二木・リンコ／訳

自閉症／アスペルガー症候群の当事者夫婦が、歯に衣着せずに教えてくれる――清潔や外見の初歩的なことから、男女交際、恋愛、セックス、避妊、感染症、性犯罪まで、自らの経験からの実用的なアドバイスが満載！　2310(2200)円

希望でみちびく科学

障害児教育ホントのねうち

三木裕和／著

「失敗」や「できなさ」を叱ることなく、一見「反抗」ともとれる姿の中に、“もっといい自分になりたい”という願いを発見できるか…「できた」結果に“楽しかった、またやりたい”といった感情体験は伴っているか…実践を通して子どもと向きあう中から、「できなさ」に潜む発達的価値とは何かをさぐる。　2100(2000)円

価格は税込（本体）で表示。

好評既刊

新版 医療的ケア研修テキスト　重症児者の教育・福祉・社会的生活の援助のために

日本小児神経学会社会活動委員会　北住映二・杉本健郎／編

「法制化」に対応。「医療的ケア」が総合的、多角的に理解、画像を見ながらより深く学べる、画期的なテキスト。介護職、教員などの実践に役立ち、指導にあたる看護師、医師のテキストとしても最適！

3570（3400）円

2刷

「医療的ケア」はじめの一歩　増補改訂版　介護職の「医療的ケア」マニュアル

NPO 法人医療的ケアネット、杉本健郎／編著

「医療的ケアって何？」から、体のしくみ、障害、医療的ケアの具体的な内容、在宅支援、主治医の連携、介護職の心構えまで、医療的ケアに関心のある人、これから取り組もうとする人への画期的な入門書！

2310（2200）円

ケアが街にやってきた　医療的ケアガイドブック

3刷

江川文誠・山田章弘・加藤洋子／編著

家、病院、学校、ホームヘルプ、福祉施設で、そして街で、医療的ケアをみんなで支えるための“ヒント”と“こころ”を集めた「医療的ケア」最前線からの報告。

2940（2800）円

こどもの心・おとなの眼　人間・障害・思想

髙谷清／著

障害があることで本当の心が表現されやすく、どう考えるかも見えやすい。それは障害がある人の問題ではなく、人間だれしもの心と考え方の問題である。

1785（1700）円

重症児教育　視点・実践・福祉・医療の連携

2刷

江川文誠・山田章弘・加藤洋子／編著

重症児・者のライフステージを視野に入れた教育実践の展開から卒業後の生活、医療との連携まで、重症児教育・福祉が総合的に理解できる。

2940（2800）円

重症児の授業づくり

三木裕和・原田文孝／著

重症児の心がどのような悩みやねがいが満たされているのか、どのような働きかけでその心が動き出すのか―明日からの授業が役立つ「自分・交流」「からだ」「ことば」「せいかつ」「医療的ケア」の実践を紹介。「医療的ケアの学力論」の考え方、実践のあり方をはじめて提起！

2310（2200）円

重症児のきょうだい

ねぇ、聞いて…私たちの声

家森百合子・大島圭介・重症心身障害児（者）を守る会近畿ブロック／編著

きょうだいを大切に育てることは、障害児を大切に育てること――
重症児にかかわって多忙な親を目の当たりにしながら、“いつも２番目”で育ってきたきょうだいたち。そのこころの奥にためている思いを引き出し、背景にある家族を描く。

1890（1800）円

2刷

価格は税込（本体）で表示。